Atteggiamento verso l'inclusione de

spettro autistico

Kris Ward

Atteggiamento verso l'inclusione degli studenti con disturbi dello spettro autistico

ScienciaScripts

Imprint

Any brand names and product names mentioned in this book are subject to trademark, brand or patent protection and are trademarks or registered trademarks of their respective holders. The use of brand names, product names, common names, trade names, product descriptions etc. even without a particular marking in this work is in no way to be construed to mean that such names may be regarded as unrestricted in respect of trademark and brand protection legislation and could thus be used by anyone.

Cover image: www.ingimage.com

This book is a translation from the original published under ISBN 978-3-659-85113-1.

Publisher:
Sciencia Scripts
is a trademark of
Dodo Books Indian Ocean Ltd. and OmniScriptum S.R.L publishing group

120 High Road, East Finchley, London, N2 9ED, United Kingdom
Str. Armeneasca 28/1, office 1, Chisinau MD-2012, Republic of Moldova, Europe

ISBN: 978-620-3-59011-1

Copyright © Kris Ward
Copyright © 2024 Dodo Books Indian Ocean Ltd. and OmniScriptum S.R.L publishing group

INDICE DEI CONTENUTI

CAPITOLO 1 2
CAPITOLO 2 8
CAPITOLO 3 26
CAPITOLO 4 35
CAPITOLO 5 46
Appendici 54
Riferimenti 60

CAPITOLO 1

Introduzione

Natura del problema

I bambini con autismo vengono educati in un contesto educativo generale con una frequenza maggiore rispetto alla storia (Park, Chitiyo, & Choi, 2010). L'afflusso di bambini in contesti educativi generali è dovuto principalmente all'Individuals with Disabilities Education Act (IDEA, 1994) che impone agli studenti di essere educati con coetanei non disabili per quanto possibile. Tuttavia, gli studenti con autismo presentano sfide specifiche per gli insegnanti che non sono stati adeguatamente preparati o formati per soddisfare le richieste di apprendimento uniche di uno studente con tali disturbi. La mancanza di formazione può influire sul senso di autoefficacia dell'insegnante nel raggiungere gli studenti con autismo e altre disabilità dello sviluppo. Senza dubbio, la mancanza di autoefficacia nell'educare un bambino con autismo può avere un impatto significativo sull'atteggiamento dell'insegnante nei confronti dello studente. Si ritiene che "l'atteggiamento dell'insegnante possa avere un'influenza diretta sul successo dell'inclusione dei bambini con disabilità" (Combs, Elliott, & Whipple, 2010, p. 114).

Gli insegnanti in servizio rappresentano il futuro degli educatori delle scuole pubbliche e private. La popolazione degli insegnanti pre-servizio comprende gli studenti che hanno dichiarato una specializzazione in educazione presso un college o un'università e stanno imparando a diventare insegnanti di educazione generale o speciale. L'intenzione di un programma di formazione universitaria è quella di offrire al discente diverse opportunità di sperimentare tutto ciò che è richiesto per essere un insegnante efficace, comprese le opportunità di lavorare con bambini con disabilità. Purtroppo, i corsi specifici sulle disabilità sono generalmente limitati a un unico corso sulle eccezionalità. Storicamente, ogni settimana il corso si concentra su una delle 13 etichette categoriali richieste per il sostegno e i servizi di educazione speciale. Inoltre, la maggior parte delle università richiede agli studenti di partecipare a corsi ed esperienze sul campo relativi alla specializzazione scelta, prima dell'ultimo semestre di università, durante il quale gli studenti si impegnano in un semestre di insegnamento studentesco. L'insegnamento studentesco è un semestre intenso in cui gli studenti applicano gran parte di ciò che hanno appreso negli ultimi anni di scuola in aule scolastiche pubbliche sotto la direzione di supervisori sul campo. Campo

Le esperienze e gli stage di insegnamento sono determinati dalla specializzazione dichiarata dagli studenti. A questo punto della loro formazione, gli studenti si sono formati delle opinioni su molte questioni sociali ed educative che prevedono di dover affrontare una volta completata la loro istruzione, compresa l'educazione degli studenti con autismo e altre disabilità dello sviluppo. A volte le opinioni si formano sulla base di una precedente esperienza diretta con una persona con disabilità, che viene generalizzata a una popolazione. Altre opinioni si formano semplicemente per ignoranza sulle disabilità. Un problema si verifica quando le opinioni sull'insegnamento agli studenti con autismo e disabilità dello sviluppo influenzano l'autoefficacia di una persona sulla possibilità di insegnare efficacemente o meno a uno studente con disabilità (Gibson & Dembo, 1984). Le opinioni e gli atteggiamenti degli insegnanti in servizio devono essere esaminati alla luce dell'esperienza minima maturata durante la formazione pre-servizio e del successivo sviluppo professionale offerto.

Contesto e rilevanza del problema

I disturbi dello spettro autistico (ASD) sono disturbi del neurosviluppo spesso definiti una "triade di menomazioni" (Wing, 1997) che interessano tre aree principali: comportamenti stereotipati, deficit di comunicazione e menomazioni sociali. L'American Academy of Pediatrics indica che un bambino su 91 di età compresa tra i 3 e i 17 anni rientra nello spettro autistico (Kogen et al., 2009). Nel 2007 il Centers for Disease Control (CDC) ha stimato che la prevalenza dell'autismo è di uno su 150, pari a circa il 75% della popolazione. Più recentemente, l'American Journal of Psychiatry ha pubblicato uno studio in cui la prevalenza dell'autismo è pari al 2,64% della popolazione (Kim et al., 2011). Con l'aumento del numero di bambini affetti da ASD, aumenta anche il numero di bambini che ricevono un'educazione speciale nelle scuole pubbliche di tutto il Paese (Odom, Brown, Frey, Karasu, Smith-Canter, & Strain, 2003).

Il Texas sta seguendo le tendenze nazionali, come indicano i dati recenti diffusi dalla Texas Education Agency (TEA). Nel 2010 in Texas c'erano 29.536 bambini con una disabilità primaria di tipo autistico. Di questi, 11.704 bambini erano in classi autonome, il che significa che più del 50% della loro giornata si svolgeva all'interno di un ambiente più restrittivo . L'ambiente restrittivo si riferisce all'accessibilità di uno studente ai coetanei non disabili. In questo esempio, la popolazione indicata trascorre più del 50% della giornata scolastica con studenti con diverse disabilità piuttosto che con coetanei senza disabilità. Questo rispetto ai 10.346 bambini che sono stati seguiti in un'aula di risorse per meno di 3 ore al giorno e ai 5.082 bambini che sono stati seguiti in un contesto di istruzione generale (TEA, 2011). Nove anni prima, nel 2001, il TEA ha riportato 7.156 bambini con una disabilità primaria di autismo. Di questi bambini, 4.099 erano serviti in classi autonome, 1.861 in classi di risorse e 515 in classi di istruzione generale. Il numero di bambini che partecipano a contesti di inclusione e di risorse nel 2008 rappresenta un aumento del 78% del numero di bambini con autismo nelle classi di istruzione generale rispetto ai rapporti del 2001.

Il netto aumento della partecipazione all'istruzione generale è dovuto principalmente alla legge pubblica 94-142, ora nota come Individuals with Disabilities Education Act (IDEA). Questa legge stabilisce che:

nella misura più appropriata, i bambini con handicap, compresi quelli che si trovano in istituti pubblici e privati o in altre strutture di assistenza, siano educati insieme ai bambini non portatori di handicap, e che le classi speciali, la scolarizzazione separata o altri tipi di allontanamento dei bambini con handicap dall'ambiente educativo regolare avvengano solo quando la natura o la gravità dell'handicap è tale che l'istruzione nelle classi regolari con l'uso di ausili e servizi supplementari non può essere raggiunta in modo soddisfacente (P.L. 94-142, Sezione 1412 [5] [B]).

I requisiti dell'IDEA stabiliscono che i bambini con disabilità devono essere serviti nell'ambiente meno restrittivo possibile, dove gli studenti hanno il massimo accesso ai programmi di studio di livello superiore da parte di insegnanti di contenuti che utilizzano strategie scientificamente fondate (Odom et al, 2003). Questa pratica viene spesso definita inclusione. L'inclusione costruisce relazioni con i coetanei e promuove lo sviluppo emotivo, sociale e cognitivo ed è dimostrata nella maggior parte dei Paesi sviluppati (Yianni-Coudurier et al., 2008).

Nonostante i benefici noti e la pratica diffusa dell'inclusione, gli insegnanti esprimono grandi preoccupazioni riguardo all'integrazione degli studenti con disabilità (Jull, 2006). Alcuni insegnanti mettono in dubbio lo sviluppo dei bambini con disabilità in un contesto di istruzione generale (Yianni-Coudurier et al., 2008). Gli insegnanti di tutte le aree disciplinari e di contenuto riferiscono di sentirsi inadeguati nell'insegnare agli studenti con disabilità e provano frustrazione insieme allo studente e alla famiglia. Gli insegnanti provano apprensione e preoccupazione all'interno della comunità scolastica per l'inclusione degli studenti con disabilità nelle classi di istruzione generale (Harding, 2009). Un'indagine di Agbenyega (2007) ha rivelato tre temi relativi all'inclusione degli studenti con disabilità nella classe normale. Il primo tema riguardava una convinzione generale sull'inclusione. I risultati hanno indicato che gli insegnanti non pensano che gli studenti con disabilità sensoriali e altre disabilità appartengano all'ambiente scolastico regolare. Un partecipante ha commentato: "Con gli studenti abituali non si deve perdere troppo tempo a sostenerli e guidarli... non crediamo che questo possa funzionare. È meglio che rimangano nelle scuole speciali" (Agbenyega, 2007, p. 51). Il secondo tema emerso riguarda le questioni professionali. Gli insegnanti non ritenevano di possedere le conoscenze e le competenze necessarie per insegnare adeguatamente agli studenti con disabilità. Un insegnante ha commentato: "Come si aspettano i responsabili delle politiche che noi lavoriamo con studenti per i quali non siamo stati formati?". (Agbenyega, 2007, p. 51). Il terzo tema riguardava le risorse, tra cui problemi di spazio, accessibilità e carenza di materiale.

La miriade di preoccupazioni espresse dagli insegnanti in merito all'inclusione di studenti con autismo in una classe di istruzione generale influenzerebbe senza dubbio l'atteggiamento dell'insegnante. Harding (2009) ha analizzato gli atteggiamenti degli insegnanti riguardo all'inclusione e ha identificato quattro atteggiamenti che hanno un impatto diretto sul modo in cui l'insegnante reagisce allo studente e lo accetta in classe. Questi atteggiamenti sono l'attaccamento, la preoccupazione, l'indifferenza e il rifiuto, definito come riluttanza. La percezione che l'insegnante ha della capacità dei bambini di controllare il proprio comportamento determina l'atteggiamento che possiede e la sua disponibilità ad accettare un bambino come membro della classe. Rose e Smith (1992) riferiscono che il 57,9% degli intervistati in un sondaggio nazionale ha indicato che gli atteggiamenti e i valori sono un "disincentivo o un divieto" (p. 6) all'inserimento di bambini disabili in età prescolare in una classe di istruzione generale. Nel sondaggio, gli atteggiamenti negativi si sono classificati al secondo posto rispetto alla formazione del personale e agli standard. Avramidis, Bayliss e Burden (2000) hanno condotto un'indagine su insegnanti esperti e hanno scoperto che diversi fattori influenzano l'atteggiamento degli insegnanti, tra cui la fiducia in se stessi e la formazione professionale. Gli insegnanti che avevano maggiore fiducia nelle proprie capacità e quelli che avevano ricevuto una formazione significativa prima o durante il servizio hanno dimostrato atteggiamenti più positivi nei confronti dell'inclusione. È chiaro che la formazione precedente di un insegnante e la sua preoccupazione per gli studenti con disabilità in classe possono influire sulla qualità dell'istruzione ricevuta da uno studente (Agbenyega, 2007).

Dichiarazione del problema

Un fattore che influenza l'atteggiamento degli insegnanti è lo sviluppo professionale e la formazione. Il problema generale è che gli insegnanti in servizio, abilitati all'insegnamento nelle classi di istruzione generale, hanno avuto un'esperienza minima di lavoro con bambini con disabilità, in particolare con l'autismo. Il problema specifico è che, nonostante l'esperienza limitata degli insegnanti in servizio, si sono formati atteggiamenti e convinzioni sulle loro capacità di insegnare ai bambini con autismo. Il presente studio affronta le preoccupazioni relative all'atteggiamento degli insegnanti di educazione generale in servizio che devono includere efficacemente gli studenti con autismo nel contesto educativo generale, non solo per soddisfare un requisito, ma come membri partecipanti con richieste e aspettative educative.

Questo studio ha valutato l'atteggiamento degli insegnanti in servizio riguardo all'inclusione di bambini con disabilità, nello specifico autismo, in una classe di istruzione generale prima e dopo uno sviluppo professionale mirato sui disturbi dello spettro autistico.

Domanda di ricerca

È stata esaminata la seguente domanda di ricerca: Gli atteggiamenti degli insegnanti in servizio migliorano a seguito di uno sviluppo professionale mirato sull'inclusione degli studenti con autismo?

Glossario

• Disturbi dello spettro autistico - (ASD), un gruppo di disturbi dello sviluppo che condividono somiglianze sociali, comunicative e comportamentali stereotipate e ritualistiche, che variano per età di insorgenza e gravità dei sintomi (McLeskey, et al., 2010, p 441).

• Altamente qualificati - devono possedere almeno una laurea, essere pienamente abilitati all'insegnamento in Texas e dimostrare di essere competenti nella loro materia accademica principale.

• Inclusione - Gli studenti con disabilità sono valorizzati e inclusi nella comunità scolastica. Gli studenti con disabilità sono membri attivi negli aspetti accademici e sociali della classe di istruzione generale.

• Individuals with Disabilities Education Act (IDEA) - legislazione federale che garantisce a tutti i bambini e ragazzi con disabilità il diritto a un'istruzione pubblica gratuita e adeguata.

• Ambiente meno restrittivo - requisito dell'IDEA che si riferisce alla collocazione degli studenti con eccezionalità. Devono essere presi in considerazione gli ambienti di istruzione generale e gli studenti con disabilità devono essere educati con coetanei non disabili nella massima misura possibile.

• No Child Left Behind - legislazione federale che richiede agli Stati di valutare i risultati degli studenti in matematica, lettura e scienze; di fornire insegnanti altamente qualificati; di offrire una scelta scolastica pubblica agli studenti che frequentano scuole che non soddisfano le linee guida federali per un adeguato progresso annuale.

• Aula di risorse - Un'aula separata in cui gli studenti con servizi educativi speciali possono essere istruiti per una parte della giornata educativa.

• Classe autonoma - Un'aula separata in cui gli studenti con disabilità più significative vengono istruiti per la maggior parte o la totalità della giornata scolastica.

- Conoscenze e abilità essenziali del Texas (TEKS) - Programma di studio obbligatorio per lo Stato del Texas.

CAPITOLO 2

Revisione della letteratura

La seguente revisione della letteratura ha esaminato le ricerche condotte nel campo dell'istruzione in merito agli atteggiamenti formati dagli insegnanti in servizio sull'inclusione degli studenti con autismo e disabilità dello sviluppo nelle classi di istruzione generale. Inoltre, sono stati esaminati gli atteggiamenti degli insegnanti in servizio che si sono già formati un'opinione sull'inclusione dei bambini con autismo nelle classi di educazione generale. Lo studio si è basato sui concetti di autoefficacia di Bandura come quadro teorico. Sono state esaminate le ricerche sull'autoefficacia degli insegnanti in servizio e pre-servizio. Seguirà una discussione approfondita sull'inclusione, compreso lo sviluppo storico dell'inclusione e i suoi benefici. L'analisi ha incluso anche gli atteggiamenti degli insegnanti in servizio e pre-servizio nei confronti dell'inclusione. L'inclusione coinvolge studenti con molte disabilità; tuttavia, questo studio si è occupato specificamente dei disturbi dello spettro autistico (ASD). Per questo motivo, è stata discussa una revisione della letteratura sull'autismo. Infine, il ruolo dello sviluppo professionale mirato in relazione all'influenza sull'autoefficacia degli insegnanti in servizio ha concluso la revisione della letteratura.

Quadro teorico

La teoria cognitivo-sociale di Bandura

Bandura ha iniziato la sua formazione teorica alla fine degli anni '50 con la pubblicazione di Adolescent Aggression (Bandura & Walters, 1959). All'epoca, il quadro della teoria dell'apprendimento sociale era incentrato sui principi delle teorie psicoanalitiche e dell'apprendimento (Grusec, 1992). Il secondo libro di Bandura esclude rapidamente l'influenza delle idee psicoanalitiche e passa a una concezione più comportamentale. Sebbene il comportamentismo abbia influenzato la teoria dell'apprendimento sociale, Bandura ha negato l'affidamento sul condizionamento per cambiare i comportamenti e ha posto maggiore enfasi sul ruolo del modellamento, invitando i concetti di elaborazione delle informazioni nella formazione della teoria. Il ruolo dell'imitazione e il processo di cognizione influenzarono a tal punto la teoria che nel 1980 Bandura ribattezzò la Teoria dell'apprendimento sociale in Teoria cognitiva sociale. L'imitazione divenne il tema centrale della teoria. Bandura riconobbe che il comportamento nuovo non si verificava sempre in presenza del modello. Pertanto, il rinforzo non poteva servire come spiegazione del cambiamento di comportamento. Il principio fondamentale della teoria cognitiva sociale risiede nel modo in cui gli esseri umani elaborano cognitivamente le situazioni sociali e a loro volta modificano i comportamenti personali come risultato dell'esperienza sociale (Bandura, 1977b).

Bandura ha iniziato a studiare i comportamenti fobici e il ruolo dei modelli partecipativi nel correggere tali fobie alla fine degli anni '70 (Grusec, 1992). Più recentemente i ricercatori hanno suggerito che l'autoefficacia influisce sugli atteggiamenti e sulle convinzioni di una persona (Berry, 2010; Lifshitz et al., 2004). L'autoefficacia e, in ultima analisi, l'atteggiamento di un insegnante avranno un impatto significativo sull'educazione di uno studente con disabilità. Il concetto di autoefficacia nasce dal trattamento delle fobie e si riferisce alla convinzione di poter svolgere un compito in modo efficace (Van Der Roest, Kleiner, & Kleiner, 2011). Più specificamente, le persone formano convinzioni sulla loro capacità di eseguire un compito in un certo ambito, che a sua volta influenza la volontà della persona di provare il compito e, inoltre, la quantità di sforzi profusi verso il compito (Bandura, 1977a). Le convinzioni sulla performance di un comportamento, o il suo cambiamento, avvengono attraverso un processo cognitivo. L'apprendimento avviene attraverso il successo nell'esecuzione del compito. La convinzione di una persona di poter eseguire con successo il compito dipende dai precedenti tentativi di successo. Pertanto, i teorici dell'autoefficacia hanno stabilito di separare le capacità esistenti della persona da un comportamento specifico previsto e da un risultato specifico realizzato. Una persona mantiene aspettative di efficacia riguardo a un comportamento specifico. L'aspettativa di efficacia è la convinzione di poter realizzare con successo il comportamento necessario per ottenere un determinato risultato. Le aspettative di efficacia sono secondarie alle aspettative di risultato, che sono le stime che uno specifico comportamento produrrà un risultato atteso (Bandura, 1977b). Una persona deve avere alti livelli di aspettative di efficacia prima di tentare un comportamento.

L'autoefficacia si sviluppa attraverso molteplici fonti, come descritto da Bandura. Egli suggerisce che le persone sviluppano l'autoefficacia attraverso i risultati ottenuti (Bandura, 1977a). Partecipando e raggiungendo il successo in un'attività, una persona sviluppa autoefficacia. Bandura (1977b) suggerisce che i risultati delle prestazioni possono essere raggiunti attraverso il modeling dei partecipanti, la desensibilizzazione alle prestazioni, l'esposizione alle prestazioni e le prestazioni autoistruite. L'autoefficacia può essere sviluppata anche attraverso l'esperienza vicaria, tramite il modeling dal vivo e il modeling simbolico. Anche la persuasione verbale attraverso suggerimenti, esortazioni, autoistruzioni e trattamenti interpretativi aumenta l'autoefficacia. Infine, l'autoefficacia è influenzata dall'eccitazione emotiva attraverso l'attribuzione, il rilassamento, la desensibilizzazione simbolica e l'esposizione simbolica. I risultati delle prestazioni sono generalmente i mezzi più efficaci per aumentare l'autoefficacia, seguiti dalle esperienze vicarie e dal modeling (Sims & Lorenzi, 1992).

Armor et al. (1976) e Berman e McLaughlin (1977) hanno illustrato l'effetto delle convinzioni degli insegnanti sulla loro capacità di istruire efficacemente studenti diversi. Berman e McLaughlin (1977) hanno rilevato che l'autoefficacia è la caratteristica più importante per ottenere un cambiamento nell'apprendimento degli studenti. Armor et al. (1976) hanno esaminato la selezione di un programma di lettura all'interno di un particolare distretto scolastico. Anche in questo caso, il senso di autoefficacia dell'insegnante ha determinato in misura maggiore quale programma di lettura sarebbe stato implementato nelle scuole. Gibson e Dembo (1984) hanno ampliato la teoria dell'autoefficacia di Bandura per sviluppare un costrutto che si occupa specificamente del senso di autoefficacia degli insegnanti in classe. Attraverso una serie di tre fasi, Gibson e Dembo hanno allineato l'autoefficacia degli insegnanti alla teoria dell'autoefficacia di Bandura. Bandura (1977a) ha descritto l'aspettativa di risultato come la convinzione che un certo comportamento porterà a un determinato risultato. Gibson e Dembo (1984) hanno equiparato il concetto di Bandura alla relazione tra un comportamento e un risultato come efficacia didattica. L'efficacia didattica è la convinzione dell'insegnante che l'ambiente possa essere controllato per poter insegnare agli studenti. L'efficacia didattica è inoltre descritta come la convinzione che le circostanze esterne, come lo status socio-economico, il coinvolgimento dei genitori e il quoziente di intelligenza, possano essere superate con la persistenza e lo sforzo dell'insegnante. In secondo luogo, Bandura (1977a) ha descritto l'efficacia personale come la convinzione di poter mettere in atto i comportamenti necessari per raggiungere un determinato risultato. Gibson e Dembo (1984) equiparano questo concetto a quello di efficacia didattica personale. L'efficacia personale nell'insegnamento è la convinzione che l'insegnante abbia le capacità necessarie per facilitare un cambiamento positivo nell'apprendimento degli studenti.

Autoefficacia degli insegnanti in servizio

I comportamenti adottati dagli insegnanti e le loro pratiche decisionali sono regolati dal livello di autoefficacia dell'insegnante (Almog & Shechtman, 2007). È stato dimostrato che un alto livello di autoefficacia degli insegnanti influisce su molti ambiti dell'ambiente scolastico per gli educatori generali. Un'elevata autoefficacia ha correlazioni positive con un maggiore successo scolastico, una maggiore dedizione da parte dell'insegnante e una riduzione del numero di rinvii ai servizi di educazione speciale (Viel-Ruma et al., 2010). Alti tassi di autoefficacia sono anche inversamente correlati alle segnalazioni di burnout in classe (Friedman, 2003).

Gli insegnanti con atteggiamenti positivi hanno generalmente alti livelli di autoefficacia e credono di essere in grado di insegnare a uno studente con disabilità (Berry, 2010; Lifshitz et al.,

2004). Soodak e Podell (1993) suggeriscono che alti livelli di autoefficacia degli insegnanti portano all'inserimento iniziale dello studente in una classe di istruzione generale piuttosto che in un ambiente più ristretto. Al contrario, gli insegnanti con un senso di autoefficacia più basso ritengono che gli studenti con disabilità non debbano essere inseriti in una classe di istruzione generale perché potrebbero ridurre l'apprendimento degli altri studenti (Lopes et al., 2004).

Altre ricerche hanno dimostrato la differenza che l'autoefficacia contribuisce all'attribuzione dei problemi degli studenti. Gli insegnanti con alti tassi di autoefficacia attribuiscono i problemi degli studenti all'ambiente, a differenza di quelli con tassi di autoefficacia più bassi che attribuiscono i problemi degli studenti all'insegnante stesso (Brophy & McCaslin, 1992; Jordan et al., 1993).

L'autoefficacia ha un impatto anche sull'educatore speciale. Gli insegnanti di educazione speciale con un tasso di autoefficacia più elevato pianificano maggiormente le pratiche didattiche e sono più organizzati (Allinder, 1994). Viel-Ruma et al. (2010) hanno condotto uno studio per esaminare la relazione tra l'autoefficacia e la soddisfazione lavorativa degli insegnanti di educazione speciale. Gli autori hanno ipotizzato che, poiché la ricerca ha dimostrato che l'autoefficacia è un fattore predittivo della soddisfazione lavorativa per gli educatori generici, tale relazione potrebbe esistere anche per gli educatori speciali. In effetti, i risultati hanno indicato una relazione significativa tra l'autoefficacia e la soddisfazione lavorativa degli insegnanti di educazione speciale.

Almog e Shechtman (2007) hanno condotto uno studio per esaminare la relazione tra l'efficacia e lo stile di coping identificato dall'uso di risposte utili agli studenti di educazione speciale con problemi di comportamento. Lo studio ha coinvolto 33 insegnanti di educazione generale in Israele con tre-cinque studenti con bisogni speciali in ogni classe. Ogni insegnante ha compilato un questionario sulla propria autoefficacia in un contesto di apprendimento. Hanno inoltre partecipato a interviste in cui sono state fornite vignette raffiguranti contesti ipotetici. Infine, gli insegnanti sono stati osservati nelle loro classi per vedere le risposte effettive ai comportamenti problematici. I risultati hanno indicato che gli insegnanti con tassi di autoefficacia più elevati tendevano a utilizzare risposte e strategie utili durante le situazioni ipotetiche in tutti i tipi di incidenti, tranne quando gli studenti erano a rischio di fallimento. Per quanto riguarda le situazioni reali in classe, i risultati hanno evidenziato correlazioni positive tra alti tassi di autoefficacia e risposte utili date agli studenti in merito all'impulsività e ai comportamenti passivo-aggressivi.

Autoefficacia e atteggiamento degli insegnanti in servizio

Il senso di autoefficacia si sviluppa durante il periodo di formazione degli insegnanti in servizio. Lin, Gorrell e Taylor (2002) hanno studiato gli insegnanti pre-servizio americani e hanno stabilito che, tra l'inizio e la fine della loro formazione, l'autoefficacia è aumentata. Altre ricerche hanno dimostrato il legame tra autoefficacia e atteggiamento. Berry (2010) ha condotto uno studio per esaminare il ruolo dell'autoefficacia nello sviluppo dell'atteggiamento di un insegnante in servizio. I risultati hanno supportato studi precedenti di Carroll et al. (2003) e Taylor e Sobel (2001) che indicavano una mancanza di fiducia nelle proprie capacità di insegnare in un ambiente inclusivo. Più specificamente, Berry ha dimostrato atteggiamenti positivi tra gli insegnanti in servizio, ma l'inesperienza e la mancanza di conoscenze hanno portato all'ansia e alla preoccupazione per l'inclusione degli studenti con disabilità. Berry (2010) ha concluso lo studio con suggerimenti per aumentare l'autoefficacia degli insegnanti in servizio, illustrando i precedenti successi ottenuti dagli insegnanti in servizio nell'uso di strategie didattiche efficaci con gli studenti dell'istruzione generale.

Inclusione

La collocazione di uno studente con disabilità in un contesto educativo è decisa dalla commissione per le ammissioni, le revisioni e i licenziamenti (ARD), costituita per prendere decisioni in merito all'istruzione dello studente con disabilità. La commissione ARD comprende i genitori dello studente, un insegnante di educazione generale se il bambino è inserito nell'istruzione generale, un insegnante di educazione speciale, un rappresentante del distretto scolastico, una persona in grado di interpretare i dati della valutazione, altri esperti in materia e, se necessario, lo studente (Codice amministrativo del Texas, regola 89.1050).

Tra le molte responsabilità della commissione ARD, una comprende la determinazione del luogo migliore in cui lo studente sarà educato. L'Individuals with Disabilities Act (IDEA) prevede linee guida specifiche in base alle quali le commissioni ARD devono prendere una decisione sul collocamento. L'IDEA si riferisce al collocamento di uno studente con disabilità nell'ambiente meno restrittivo (LRE), definito come "una forte preferenza, non un mandato, per l'educazione dei bambini con disabilità in classi regolari insieme ai loro coetanei senza disabilità" (71 Fed. Reg. 46585). Ulteriori spiegazioni sono riportate di seguito:

(i)   Per quanto possibile, i bambini con disabilità, compresi quelli che si trovano in istituti pubblici o privati o in altre strutture di assistenza, vengono educati insieme ai bambini non disabili; e

(ii) Le classi speciali, la scuola separata o altri tipi di allontanamento dei bambini con disabilità dall'ambiente educativo regolare si verificano solo se la natura o la gravità della disabilità è tale che l'istruzione nelle classi regolari con l'uso di ausili e servizi supplementari non può essere raggiunta in modo soddisfacente [§300. 114(a)].

Storia dell'inclusione

Il concetto di inclusione è relativamente nuovo. Le persone con disabilità dello sviluppo hanno sperimentato una vasta gamma di opzioni educative e di trattamento che vanno dall'istituzionalizzazione a ciò che si vede oggi nelle classi. L'opinione popolare tra la fine del XIX secolo e la metà del XX secolo ha mantenuto un orientamento verso le persone con disabilità basato sulle strutture (Beirne-Smith, Patton & Kim, 2006). La segregazione era considerata l'unica opzione possibile per interrompere la perpetuazione del pool genetico responsabile della creazione di individui con tali anomalie. si pensava che, separando uomini e donne durante l'età fertile, si sarebbe ridotta la possibilità di generare bambini "deboli di mente".

Questi pensieri hanno prevalso fino all'inizio del 20° secolo, quando è iniziato il movimento dei test, che alla fine ha cambiato l'opinione della gente. Binet e Simon svilupparono un test di intelligenza in Francia per individuare i bambini che avrebbero potuto beneficiare di un'istruzione specificamente progettata per soddisfare le loro esigenze educative. Il test fu poi tradotto in inglese da Goddard nel 1911 e perfezionato da Terman nel 1916, aprendo la strada a ideali più ampi riguardo all'educazione dei bambini con disabilità.

I decenni successivi hanno offerto molte opportunità per considerare le persone con disabilità dello sviluppo in modo più appropriato. L'educazione speciale è diventata una professione riconosciuta nel 1922, quando è stata costituita un'organizzazione internazionale per l'educazione dei bambini con disabilità. L'organizzazione è oggi nota come Council for Exceptional Children. Con l'avanzare del tempo fino alla metà del secolo, le scuole hanno adottato un orientamento basato sui servizi per i bambini con disabilità. L'idea era quella di fornire ai bambini le competenze necessarie per passare dalle scuole pubbliche a una vita indipendente. In questo periodo si svilupparono le classi autonome e un continuum di servizi offerti ai bambini con disabilità. Il continuum comprendeva classi autonome, aule di risorse e laboratori protetti. Nel 1975 è stata approvata la legge pubblica 94-142, che garantisce il diritto a un'istruzione pubblica libera e adeguata (FAPE) ai bambini con disabilità. La maggior parte dei bambini con ritardo mentale trascorre almeno metà della giornata scolastica in classi autonome e l'altra metà in contesti di istruzione generale. Tuttavia, l'inserimento nell'ambiente educativo generale era principalmente limitato alla collocazione fisica nella classe e non all'istruzione relativa ai contenuti.

A metà degli anni '80 l'attenzione si è concentrata su un modello basato sui supporti, con aspettative elevate orientate ai contenuti per gli studenti con disabilità. Il nuovo modello promuoveva l'inclusione dei bambini con disabilità nel contesto educativo generale con i supporti necessari per un'istruzione adeguata. Questa aspettativa elevata è stata ulteriormente espressa nell'Individuals with Disabilities Education Act (1990, 1997, 2004), che ha rafforzato le richieste di inclusione dei bambini con disabilità. La preoccupazione principale dell'inclusione è quella di portare l'assistenza necessaria alla classe generale piuttosto che allontanare il bambino dai suoi coetanei per soddisfare i suoi bisogni educativi speciali (Kilanowski-Press, Foote & Rinaldo, 2010).

Lo scopo dell'inclusione non è solo sistemico; è anche quello di consentire a tutti gli studenti di partecipare ad attività di valore (Reindal, 2010), creando così uno scopo secondario dell'inclusione. Il No Child Left Behind Act (NCLB; U. S. Department of Education [USDOE], 2002) richiede che gli insegnanti siano altamente qualificati nelle rispettive aree di contenuto (Kilanowski-Press, et al., 2010). Di conseguenza, molti insegnanti di educazione speciale non soddisfano le aspettative della legge semplicemente a causa della loro certificazione. La maggior parte degli insegnanti di educazione speciale possiede certificazioni generali di educazione speciale senza specializzazioni in un'area di contenuto. Pertanto, gli studenti identificati come bisognosi di servizi di educazione speciale devono essere istruiti da un insegnante altamente qualificato in quel particolare contenuto. Ciò richiede che gli studenti con disabilità siano inseriti in contesti di istruzione generale per i corsi di contenuto, quando gli educatori speciali non sono certificati per il contenuto. Idealmente, un educatore speciale sarà assegnato al corso di contenuto specifico per collaborare con l'insegnante di educazione generale, favorendo la possibilità di successo dello studente con esigenze speciali.

Vantaggi dell'inclusione

Nonostante le preoccupazioni espresse dagli insegnanti riguardo alla pratica dell'inclusione, sono state condotte molte ricerche sul successo delle pratiche di inclusione (McLeskey, Rosenberg, & Westling, 2010). I benefici dell'inclusione riguardano bambini con e senza disabilità. Gli studenti con disabilità mostrano benefici nelle aree del comportamento e delle abilità sociali. I benefici comportamentali includono la riduzione dei comportamenti stereotipati, l'aumento delle abilità di auto-aiuto, l'accettazione della transizione e delle interruzioni della routine e l'indipendenza (Eldar, Talmor, & Wolf-Zukerman, 2010). I bambini con disabilità fanno grandi passi avanti dal punto di vista sociale quando sono pienamente inclusi in un contesto educativo generale, dimostrando un maggiore impegno, abilità più sviluppate nel formare amicizie, e dando e ricevendo maggiori supporti sociali (Eldar et. al., 2010). La ricerca ha dimostrato che gli studenti con disabilità aumentano l'autostima, contribuiscono allo sviluppo di amicizie e aumentano lo status sociale tra i coetanei nelle classi inclusive (Boutot & Bryant, 2005; Freeman & Alkin, 2000; Salend & Duhaney, 1999). Sun (2007) ha riferito che uno studente con bisogni speciali ha maggiori probabilità di vivere in modo indipendente se si impegna più frequentemente in contesti educativi generali rispetto ai programmi pull-out.

Gli studenti senza disabilità traggono beneficio dall'inclusione grazie all'accettazione delle differenze tra coetanei, alla maggiore comprensione delle disabilità, all'autostima personale che deriva dall'aiutare gli altri e all'amicizia reciproca con gli studenti con disabilità (Boutot & Bryant, 2005; Burstein, Sears, Wilcoxen, Cabello, & Spagna, 2004; Galucci & Schwartz, 2004; Salend & Duhaney, 1999). Jones (2007) ha condotto uno studio qualitativo incentrato specificamente su studenti con sviluppo tipico selezionati per essere tutor alla pari di bambini con autismo. I bambini sono stati intervistati dopo lo studio. I tutor alla pari hanno ottenuto molti benefici personali, tra cui "una migliore comprensione dell'autismo, sentirsi bene con se stessi, essere più responsabili, riconoscere quanto sono fortunati e non dare le cose per scontate" (p. 6). Altre ricerche hanno descritto i benefici derivanti dal miglioramento delle abitudini di lavoro, della fiducia in se stessi, del comportamento on-task e dell'assunzione di rischi grazie all'inclusione di studenti con bisogni speciali (Dore, Dion, Wagner, & Brunet, 2002; Foreman, Arthur-Kelly, Pascoe, & King, 2004; Waldron, McLeskey, & Pacchiano, 1999).

Una grande preoccupazione di molti educatori e amministratori è l'impatto che l'inclusione avrebbe sui risultati dei test high stakes. Idol (2006) ha valutato otto scuole di una città del sud-ovest per verificare se l'inclusione avveniva in ciascuna scuola e in che misura l'inclusione influiva sui punteggi dei test e su altri fattori. I risultati hanno indicato che in tre dei quattro campus elementari esaminati, i punteggi dei test sono aumentati nell'arco di quattro anni. Nella quarta scuola i punteggi di un livello sono rimasti invariati nel corso dei quattro anni. Risultati simili sono stati riscontrati nei campus secondari inclusi nello studio.

Atteggiamento degli insegnanti in servizio nei confronti dell'inclusione

La letteratura descrive molti modelli di inclusione, tra cui il co-teaching, in cui un educatore generale e un educatore speciale condividono le responsabilità dell'insegnamento (McLeskey et al., 2010). In altri casi, l'educatore speciale può svolgere un ruolo di consulenza. Il fulcro dell'inclusione e del suo successo, tuttavia, non risiede nel modello che un insegnante sottoscrive. Il successo dell'inclusione riguarda piuttosto gli atteggiamenti nei confronti dell'apprendimento degli studenti tenuti da ciascuna delle numerose parti coinvolte nel processo scolastico

(Kilanowski-Press et al., 2010). I membri chiave che contribuiscono al successo o al fallimento dell'inclusione sono lo studente, i genitori, gli amministratori che lavorano nel campus e in posizioni amministrative superiori, gli insegnanti di educazione generale e speciale, i paraprofessionisti e i professionisti di supporto, compresi i servizi correlati e i professionisti specializzati come gli insegnanti di musica e di educazione fisica. Ogni membro del team porta con sé un insieme predeterminato di convinzioni e atteggiamenti sul modo migliore di educare uno studente con disabilità (Rose & Smith, 1992).

Spesso considerato un buon predittore del comportamento, l'atteggiamento degli insegnanti è stato a lungo oggetto di ricerca (Fazio & Zanna, 1978). L'atteggiamento si riferisce generalmente alle convinzioni di una persona su un determinato argomento e guida i comportamenti previsti in merito all'argomento stesso (Combs et al., 2010). Ross-Hill (2009) suggerisce che le pratiche di inclusione non possono avere successo se non si ha un atteggiamento positivo da parte degli insegnanti. Anche Agbenyega (2007) riferisce che l'atteggiamento degli insegnanti ha un impatto diretto non solo sull'inserimento degli studenti con disabilità, ma anche sui materiali e sulla qualità dell'insegnamento impartito ai bambini con disabilità. L'atteggiamento dell'insegnante ha un impatto diretto sull'attuazione degli interventi che hanno successo con i bambini con disabilità come l'autismo (McGregor & Campbell, 2001).

Gli studi hanno dato risultati contrastanti riguardo agli atteggiamenti prevalenti degli insegnanti nei confronti dell'inclusione dei bambini con disabilità. Alcune ricerche indicano che gli insegnanti hanno un'elevata propensione all'inclusione dei bambini con disabilità (Hwang & Evans, 2011). Villa et al. (1996) hanno intervistato 578 insegnanti di educazione generale, interrogandoli sul loro atteggiamento nei confronti dell'inclusione. Il 78,8% degli intervistati ha dichiarato un atteggiamento positivo. I dati, inoltre, suggeriscono che la collaborazione tra i membri dello staff e il supporto amministrativo sono predittori critici di atteggiamenti positivi tra gli insegnanti di educazione generale. Risultati simili sono stati riportati da Scruggs e Mastropieri (1996) in un'indagine molto più ampia che comprendeva 7.385 insegnanti di educazione generale. In questo studio, il 65% degli intervistati ha indicato atteggiamenti positivi nei confronti del concetto di inclusione. Inoltre, il 53,4% ha riferito di essere disposto a fornire gli adattamenti necessari per i vari studenti disabili presenti nelle loro classi. Gli atteggiamenti positivi degli insegnanti riportati in diversi studi citati comportano anche dei limiti all'interpretazione. Alcuni insegnanti si dichiarano disposti a fornire le sistemazioni necessarie, ma dimostrano che la loro disponibilità dipende dalla disabilità che presentano, in particolare problemi emotivi e comportamentali, sordità e gravi deficit cognitivi (Hwang & Evans, 2011).

Altri studi hanno evidenziato atteggiamenti meno positivi da parte degli insegnanti nei confronti dell'inclusione degli studenti con disabilità. Il Dipartimento dell'Educazione degli Stati Uniti, Ufficio per l'Educazione Speciale e i Servizi Riabilitativi (U.S. DE OSERS, 2006) ha studiato gli atteggiamenti degli insegnanti di educazione generale. Gli insegnanti hanno indicato una mancanza di comprensione e di preparazione per insegnare agli studenti con disabilità nella loro classe di istruzione generale.

Rose e Smith (1992) hanno condotto un'indagine nazionale per determinare se nel sistema educativo esistono ostacoli che bloccano il processo di inclusione dei bambini in età prescolare. Gli intervistati comprendevano educatori, genitori e amministratori. Ai partecipanti è stato chiesto di identificare, da un elenco di potenziali barriere, gli ostacoli all'inserimento di bambini con disabilità in contesti educativi generali. Il primo ostacolo individuato nel sondaggio è stato la formazione e gli standard del personale. Il secondo ostacolo è rappresentato dai valori e dagli atteggiamenti. Un ulteriore esame degli intervistati ha rivelato che il 65% dei direttori locali dell'educazione speciale e il 100% dei genitori hanno risposto che gli atteggiamenti e i valori sono una barriera che contribuisce all'inserimento nell'educazione generale. Agli intervistati è stato chiesto di identificare gli ostacoli legati all'atteggiamento. Il 29% dei partecipanti ha citato questioni legate al territorio. La preparazione degli insegnanti è stata citata dal 28% dei partecipanti.

Ulteriori ricerche hanno riportato varie cause di atteggiamenti negativi degli insegnanti nei confronti dell'inclusione dei bambini con disabilità (Beare, 1985, Norrell, 1997; Snowden, 2003). Questa negatività è influenzata da diversi fattori. Block e Obrusnikova (2007) e Detres (2005) hanno citato la preparazione/formazione degli insegnanti come fattori che contribuiscono all'atteggiamento degli insegnanti. Scruggs e Mastropieri (1996) hanno condotto una meta-analisi di studi condotti tra il 1958 e il 1995. Le analisi hanno indicato che un terzo degli insegnanti ha riferito di non disporre delle risorse, della formazione e delle competenze necessarie per il successo dell'inclusione, influenzando così l'atteggiamento degli insegnanti.

Altri studi hanno esaminato la gravità della disabilità e il comfort nel lavoro con le persone con disabilità, trovando che anche questo influisce sulla negatività degli insegnanti (Gary, 1997; Scruggs & Mastropieri, 1996). Downing (2004) e Campbell (2003) hanno citato il comportamento come barriera al successo dell'inclusione degli studenti con disabilità, influenzando così l'atteggiamento dell'insegnante nei confronti dell'inclusione degli studenti con disabilità nella classe di istruzione generale. Robertson, Chamberlain e Kasari (2003) hanno esaminato i problemi relazionali tra insegnanti e bambini con autismo. Alcuni bambini con disabilità, in particolare con autismo, hanno spesso diversi livelli di problemi comportamentali. I ricercatori hanno utilizzato la Scala di relazione studente-insegnante (Pianta, 1992) per misurare la relazione esistente tra l'insegnante e lo studente con autismo. I risultati hanno indicato che gli studenti con problemi comportamentali più significativi mantenevano relazioni di qualità inferiore con gli insegnanti. I ricercatori hanno notato che esistevano relazioni tese tra gli insegnanti e i bambini a sviluppo tipico che mostravano problemi comportamentali. Eldar et al. (2010) hanno condotto uno studio qualitativo coinvolgendo i coordinatori dell'inclusione che si occupavano della transizione dei bambini in contesti di istruzione generale. Un fattore che ha contribuito a creare un atteggiamento negativo nei confronti dell'inclusione è stato il rifiuto dei principali membri del team di accettare il bambino come membro della classe. Un partecipante ha commentato: "...l'insegnante di classe è terribile. Non è emotivamente disponibile per l'inclusione e dà la sensazione di dover essere salutata per il fatto di aver accettato di prendere un bambino del genere sotto la sua tutela" (Eldar et al., 2010, p. 105).

Atteggiamenti degli insegnanti pre-servizio nei confronti dell'inclusione

L'atteggiamento di un insegnante in servizio può essere un buon predittore dei comportamenti futuri nei confronti dell'inclusione di uno studente con un disturbo, nello specifico l'autismo. Gli studi condotti su hanno riportato risultati contrastanti riguardo all'atteggiamento degli insegnanti in servizio verso l'inclusione. Diversi studi internazionali condotti su insegnanti in servizio hanno indicato atteggiamenti poco positivi (Alghazo, Dodeen & Alyaryouti, 2003; Ellins & Porter, 2005; Romi & Leyser, 2006; Sharma & Desai, 2003), mentre gli insegnanti in servizio nel Regno Unito hanno indicato atteggiamenti positivi verso l'inclusione (Avramidis et al., 2000).

Ryan (2009) ha condotto uno studio per esaminare gli atteggiamenti degli insegnanti in servizio verso l'inclusione. Ryan ha definito l'atteggiamento come un tratto con molteplici componenti, tra cui la cognizione, gli affetti e il comportamento. La cognizione comprende le convinzioni e le conoscenze di una persona su un argomento, che influenzano gli affetti, la posizione emotiva e il comportamento di una persona e le azioni fisiche in cui una persona si impegna. Questo studio ha incluso studenti che avevano partecipato a un'ampia formazione sull'inclusione come parte del loro programma di preparazione. I risultati hanno indicato un atteggiamento positivo nei confronti dell'inclusione, ma con l'avvertenza che avrebbero preferito una formazione supplementare.

Park, Chitiyo e Choi (2010) hanno condotto una ricerca per esaminare gli atteggiamenti degli insegnanti in servizio riguardo all'inclusione dei bambini con autismo. I risultati hanno indicato che gli insegnanti in servizio hanno mantenuto elevati atteggiamenti positivi, misurati dalla Autism Attitude Scale for Teachers (AAST). Ulteriori indagini hanno rivelato che gli insegnanti in servizio la cui specializzazione era in educazione speciale avevano tassi più elevati di atteggiamento positivo rispetto agli studenti la cui specializzazione era in educazione generale.

Silverman (2007) ha esaminato la relazione tra l'atteggiamento degli insegnanti in servizio verso l'inclusione e le loro convinzioni epistemologiche. Le credenze epistemologiche sono state definite come "credenze sulla conoscenza e sull'apprendimento" (Silverman, 2007, p. 43). Lo studio ha incluso 71 insegnanti in servizio nei programmi di certificazione a livello di master e di laurea. I partecipanti hanno completato dei sondaggi che misuravano le convinzioni epistemologiche e gli atteggiamenti verso l'inclusione. I risultati hanno indicato forti correlazioni tra credenze epistemologiche elevate e atteggiamenti elevati, suggerendo che gli insegnanti con forti credenze sull'apprendimento e sulla conoscenza hanno maggiori probabilità di persistere nel processo necessario per insegnare agli studenti con disabilità in contesti inclusivi.

Disturbi dello spettro autistico

La prevalenza dei disturbi dello spettro autistico è in aumento dal 1943, quando Leo Kanner descrisse per la prima volta il disturbo (Kanner, 1943). All'epoca del primo riconoscimento del disturbo, l'opinione sulla presenza dell'autismo in un individuo era diversa da quella odierna. Gli specialisti ritenevano che l'autismo fosse di natura categoriale. Una persona poteva essere diagnosticata come sicuramente affetta da autismo o, in alternativa, non era affetta da autismo (Baron-Cohen, 2008). All'epoca, si riteneva che la prevalenza dell'autismo fosse di 4 persone su 10.000 (Baron-Cohen, 2008) e che fosse limitata a quello che viene considerato autismo classico. La dottoressa Lorna Wing ha confutato la natura categoriale dell'autismo e ha suggerito che l'autismo classico sia più un disturbo dello spettro e che rappresenti 10-20 persone su 10.000 (Wing & Gould, 1979).

Il Manuale diagnostico e statistico dei disturbi mentali, quarta edizione (DSM-IV), definisce il disturbo autistico come segue:

A. Un totale di sei (o più) elementi da (1), (2) e (3), di cui almeno due da (1) e uno ciascuno da (2) e (3):

(1) compromissione qualitativa dell'interazione sociale, manifestata da almeno due dei seguenti fattori:

(a) marcata compromissione nell'uso di molteplici comportamenti non verbali, come lo sguardo, l'espressione facciale, le posture del corpo e i gesti per regolare l'interazione sociale

(b) mancato sviluppo di relazioni tra pari adeguate al livello di sviluppo

(c) mancanza di una ricerca spontanea di condividere il piacere, gli interessi o le conquiste con altre persone (ad esempio, mancanza di mostrare, portare o indicare oggetti di interesse)

(d) mancanza di reciprocità sociale o emotiva

(2) deficit qualitativi nella comunicazione, manifestati da almeno uno dei seguenti elementi:

(a) ritardo o totale assenza di sviluppo del linguaggio parlato (non accompagnato da un tentativo di compensazione attraverso modalità di comunicazione alternative come la gestualità o la mimica)

(b) nei soggetti con un linguaggio adeguato, una marcata compromissione della capacità di iniziare o sostenere una conversazione con gli altri

(c) uso stereotipato e ripetitivo del linguaggio o linguaggio idiosincratico

(d) mancanza di giochi di fantasia vari e spontanei o di giochi sociali imitativi appropriati al livello di sviluppo

(3) modelli ristretti, ripetitivi e stereotipati di comportamento, interessi e attività, manifestati da almeno uno dei seguenti elementi:

(a) che comprende la preoccupazione per uno o più schemi di interesse stereotipati e ristretti, anormali per intensità o focalizzazione

(b) aderenza apparentemente inflessibile a routine o rituali specifici e non funzionali

(c) manierismi motori stereotipati e ripetitivi (ad esempio, sbattimento o torsione delle mani o delle dita o movimenti complessi dell'intero corpo)

(d) preoccupazione persistente per parti di oggetti

B. Ritardi o anomalie di funzionamento in almeno una delle seguenti aree, con esordio prima dei 3 anni di età: (1) interazione sociale, (2) linguaggio utilizzato nella comunicazione sociale o (3) gioco simbolico o immaginativo.

C. Il disturbo non è meglio riconducibile al Disturbo di Rett o al Disturbo Disintegrativo dell'Infanzia. (American Psychiatric Association, 1994, Manuale diagnostico e statistico dei disturbi mentali, pagg. 70-71).

La ricerca sulla prevalenza dell'autismo è proseguita nel corso dei decenni, con tassi in costante aumento. Nel periodo di riferimento del 2000, i Centers for Disease Control (CDC) hanno indicato un tasso di prevalenza tra i bambini di otto anni di età pari in media a 6,7 su 1.000 bambini. Nel 2006 il tasso di prevalenza era di circa un bambino su 110 con un disturbo dello spettro autistico (Rice, 2007). Più recentemente, in Corea è stato condotto uno studio su tutti i bambini della popolazione scolastica elementare di una regione, compresi i bambini senza disturbi autistici noti e quelli con un'alta probabilità di avere un disturbo. I risultati hanno indicato un tasso di prevalenza del 2,64% (Kim et. al., 2011). I risultati hanno concluso che degli studenti elementari identificati con un disturbo dello spettro autistico, due terzi erano inclusi nella popolazione della classe tipica. I bambini venivano educati tra i loro coetanei tipici, non disabili, ma non avevano ricevuto una diagnosi di autismo. I ricercatori hanno concluso che l'individuazione e la valutazione precoce sono fondamentali (Kim et. al, 2011).

Prevalenza dei disturbi dello spettro autistico in Texas

Le scuole del Texas hanno registrato lo stesso aumento della prevalenza dei disturbi dello spettro autistico che è stato osservato nei dati nazionali. Le agenzie educative locali (LEA) riportano alla Texas Education Agency (TEA) il numero di bambini che ricevono servizi di educazione speciale in base alla loro categoria di idoneità primaria. Molti bambini con disabilità presentano condizioni di co-morbilità oltre al disturbo iniziale. Ai fini dei dati, tuttavia, viene riportata solo la disabilità primaria. Il Texas ha registrato un aumento del 313% dei bambini che frequentano l'istruzione speciale con un'idoneità primaria per l'autismo. Nel 2001, nello Stato c'erano 7.156 bambini con autismo. Questo numero è aumentato a 29.536 nel 2010 (TEA, 2011). Un'ulteriore analisi dei dati rivela che dei 29.536 studenti con idoneità all'autismo, circa il 20% è stato educato in un istituto di istruzione generale.

e non sono stati rimossi per più del 21% della giornata. Circa un terzo è stato educato in un'aula con risorse per il 21-60% della giornata scolastica e un altro terzo è stato educato in un'aula autonoma per più del 60% della giornata scolastica. Il restante 20% dei bambini è stato educato in altri contesti, tra cui programmi prescolari, casa, programmi professionali, istituti residenziali e scuole pubbliche.

Sviluppo professionale e atteggiamento

Agli insegnanti di educazione generale in servizio vengono offerte molteplici opportunità di partecipare allo sviluppo professionale attraverso il distretto e il campus di appartenenza, i centri di servizio regionali o attraverso conferenze progettate e prodotte commercialmente. DeSimone e Parmar (2006) hanno riportato effetti positivi dello sviluppo professionale sull'efficacia degli insegnanti nell'insegnamento agli studenti con difficoltà di apprendimento. Tuttavia, lo studio ha anche rivelato il numero limitato di opportunità di formazione a cui gli insegnanti hanno effettivamente partecipato. In un sondaggio, il 43% degli insegnanti di matematica dell'istruzione generale ha partecipato a meno di tre sessioni di formazione sullo sviluppo professionale. I commenti dei partecipanti suggerivano che le sessioni non erano utili perché non fornivano strategie didattiche per l'insegnamento agli studenti con difficoltà di apprendimento. Sulla base di queste informazioni, Kosko e Wilkins (2009) hanno esaminato la correlazione tra il numero di ore di sviluppo professionale e l'autoefficacia percepita dagli insegnanti in servizio. I risultati hanno indicato che qualsiasi quantità di sviluppo professionale ha aumentato l'autoefficacia percepita; tuttavia, almeno otto ore di sviluppo professionale tendevano a raddoppiare i livelli di autoefficacia. Questo studio ha dimostrato il valore dello sviluppo professionale per gli insegnanti in servizio, ma ha messo in luce le difficoltà evidenti nel fornire uno sviluppo sufficiente dopo che l'insegnante ha completato un programma di preparazione. Inoltre, l'aumento dell'autoefficacia in seguito allo sviluppo professionale si tradurrebbe anche in un aumento dell'atteggiamento, come descritto in letteratura.

Gli insegnanti in servizio hanno poche opportunità di sviluppare atteggiamenti positivi nei confronti dell'inclusione degli studenti con disabilità; pertanto, la programmazione formativa per gli insegnanti in servizio è la strada migliore per garantire che gli insegnanti sviluppino l'atteggiamento necessario per insegnare efficacemente in una classe inclusiva (Sharma et al., 2006). Tuttavia, i programmi di preparazione degli insegnanti offrono generalmente un'esposizione limitata sull'insegnamento agli studenti con autismo e altre disabilità dello sviluppo e agli studenti dell'istruzione generale (Sharma et al., 2008). La maggior parte delle scuole richiede un corso sulle eccezioni agli insegnanti in servizio di educazione generale. Il corso è spesso progettato in modo da dedicare una settimana di istruzione a ciascuna delle 13 etichette categoriali per l'educazione speciale. La ricerca ha dimostrato che la formazione può avere un impatto diretto sul senso di autoefficacia dell'insegnante (Berry, 2010). In molti studi è stato dimostrato che la formazione sulle disabilità specifiche è un fattore che contribuisce costantemente all'atteggiamento degli insegnanti verso l'istruzione inclusiva (Avramidis & Norwich, 2002; Center & Ward, 1987; Hastings & Graham, 1995; Loreman & Earle, 2007; Loreman, Forlin, & Sharma, 2007; Sharma et al., 2006; Subban & Sharma, 2006).

Jenkins e Ornelles (2007) hanno sviluppato uno strumento di indagine per misurare la fiducia degli insegnanti in servizio nel sostenere gli studenti con disabilità. Il sondaggio è stato somministrato su a due gruppi diversi dell'Università delle Hawaii. I partecipanti erano studenti di istruzione generale o di un programma di certificazione duale. I partecipanti al programma di istruzione generale hanno riportato risposte significativamente più basse in tutte le aree, dimostrando livelli di fiducia inferiori nel lavoro con gli studenti con disabilità. L'indagine è stata successivamente somministrata agli insegnanti in servizio alle Hawaii per esaminare i livelli di fiducia nell'insegnamento a studenti diversi. Lo studio ha incluso 827 insegnanti di educazione generale e speciale. I ricercatori hanno inoltre esaminato i livelli di fiducia in riferimento agli anni di servizio con gruppi che comprendevano zero-tre, quattro-otto, nove-quindici e più di sedici anni di esperienza. I risultati hanno indicato che gli anni di esperienza non influiscono sul livello di fiducia degli insegnanti. I ricercatori hanno suggerito che gli insegnanti hanno bisogno di uno sviluppo professionale fin dalle prime fasi della loro carriera per sviluppare l'autoefficacia necessaria a insegnare a studenti diversi (Jenkins & Ornelles, 2009).

Sviluppo professionale e atteggiamenti degli insegnanti pre-servizio

La formazione degli insegnanti pre-servizio sui diversi tipi di disabilità e l'insegnamento di strategie che si sono dimostrate efficaci per determinate caratteristiche di disabilità possono determinare un aumento positivo dell'atteggiamento nei confronti dell'inclusione (Sze, 2009). Cook (2002) ha condotto uno studio per esaminare gli atteggiamenti degli insegnanti in servizio riguardo all'inclusione dei bambini con disabilità, non specificamente con autismo. Gli studenti dello studio hanno partecipato a corsi di educazione generale che infondevano nei contenuti concetti tipici dell'educazione speciale. Il ricercatore ha esaminato gli effetti risultanti dell'infusione di concetti di educazione speciale nei contenuti di educazione generale sugli atteggiamenti degli insegnanti in servizio. Analogamente a Scruggs e Mastropieri (1996), i risultati hanno dimostrato che l'atteggiamento dipende dalla disabilità presentata. Inoltre, i partecipanti hanno indicato che la loro formazione pre-servizio non era adeguata per prepararli a insegnare agli studenti con diversità nelle loro classi.

Silverman (2007) ha identificato i bisogni formativi degli insegnanti in servizio che riguardano gli atteggiamenti e le convinzioni. La formazione dovrebbe includere la collaborazione tra educatori generali e speciali e i loro rispettivi ruoli, il rafforzamento delle convinzioni epistemologiche e un modo per collegare le convinzioni con i bisogni degli studenti con disabilità, con il risultato di migliorare gli atteggiamenti e aumentare l'autoefficacia. Sims e Lorenzi (1992) suggeriscono che la formazione che coinvolge la persuasione sociale in combinazione con la modellazione e l'apprendimento vicario sia efficace nello sviluppo dell'autoefficacia.

Una ricerca nei database Education Research Complete, Academic Search Complete, ERIC, Professional Development Collection, PsycARTICLES, PsycBOOKS, Psychology and Behavioral Sciences Collection, PsycINFO utilizzando le parole chiave "autismo", "sviluppo professionale" e "atteggiamento" ha prodotto solo un articolo di ricerca e tre tesi di laurea. Un ulteriore esame degli articoli e delle tesi ha portato a pochi altri documenti riguardanti l'inclusione di studenti con altre disabilità e gli atteggiamenti degli insegnanti in servizio.

Leblanc, Richardson e Burns (2009) suggeriscono che la comprensione delle specificità dell'autismo è fondamentale, visti i tassi di prevalenza riportati da varie istituzioni. Gli insegnanti che lavorano con bambini affetti da autismo devono avere una formazione adeguata e sufficiente (Jennett, Harris, & Mesibov, 2003). Leblanc et al. (2009) hanno condotto uno studio in cui sono stati esaminati l'atteggiamento e il livello di conoscenza degli insegnanti secondari in servizio prima e dopo un totale di tre ore e 20 minuti di formazione per un periodo di due mesi. La formazione consisteva in due parti. La prima sessione di formazione si è concentrata sulle caratteristiche dell'ASD, sugli stili di comunicazione e sull'analisi comportamentale applicata. La seconda sessione di formazione si è concentrata sul comportamento, sulle abilità sociali e sull'ansia dimostrata dagli studenti con ASD. Leblanc (2009) ha utilizzato l'ASD Inventory sviluppato dall'Algonquin Child and Family Services' SSP-ASD in questo studio. Lo strumento misura principalmente il raggiungimento di conoscenze tecniche relative all'ASD. Solo le prime tre domande dello strumento misurano l'atteggiamento nei confronti degli studenti con autismo. I risultati hanno indicato che gli atteggiamenti e le percezioni degli insegnanti pre-servizio con certificazione secondaria sono aumentati in modo significativo dopo la formazione. Inoltre, le conoscenze tecniche degli insegnanti pre-servizio, definite come conoscenze sull'ASD, hanno dimostrato un aumento significativo dopo la formazione. Infine, i risultati hanno indicato un aumento significativo delle conoscenze degli insegnanti in servizio sulle strategie di insegnamento comportamentale.

de Boer Ott (2005) ha esaminato la formazione degli insegnanti e il loro atteggiamento nei confronti dell'inclusione degli studenti con autismo nelle classi di istruzione generale. I risultati hanno rivelato che gli insegnanti hanno bisogno di supporto in diversi ambiti, tra cui le informazioni sui disturbi specifici, la formazione per l'inserimento degli studenti, l'inclusione, la valutazione e il supporto in classe. I risultati hanno confermato la necessità di una formazione esplicita nell'area dell'autismo per gli insegnanti in servizio e pre-servizio.

Lo sviluppo professionale è ulteriormente incoraggiato e persino richiesto agli insegnanti di studenti con disturbi dello spettro autistico in Texas. Il Codice amministrativo del Texas (§89.1055) specifica 11 strategie per l'insegnamento agli studenti con autismo. Una delle strategie incluse nel regolamento è il supporto professionale e pedagogico generale e specifico. La formazione generale relativa al disturbo comprende tecniche, strategie e l'attuazione del Piano Educativo Individualizzato (PEI). La formazione specifica comprende il supporto e la formazione su un particolare studente e sui suoi bisogni specifici. Lo Stato del Texas considera la formazione di carattere generale e quella specifica per uno studente abbastanza importante da includerla nelle Commissioner's Rules del Texas Administrative Code. Un'altra strategia definita nelle Regole del Commissario riguarda l'uso di strategie didattiche basate sulla ricerca e sottoposte a revisione paritaria, per quanto possibile. Questo requisito non si riferisce specificamente allo sviluppo professionale; l'implicazione è che gli insegnanti devono essere formati per implementare con fedeltà le tecniche basate sulla ricerca.

Conclusione

I bambini con autismo rappresentano una sfida unica per l'insegnante di educazione generale. La mancanza di conoscenze può creare timori per l'incertezza e determinare una mancanza di autoefficacia nello svolgere i compiti necessari per insegnare agli studenti con bisogni speciali. Il National Research Council (2001) ha identificato nove componenti di programmi efficaci per gli studenti con disturbi dello spettro autistico. Tra queste componenti vi è la formazione del personale. È fondamentale sviluppare un senso di autoefficacia che porti ad atteggiamenti positivi negli insegnanti durante la loro formazione preparatoria, al fine di gettare le basi per una carriera di successo. La letteratura offre alcuni esempi di formazione degli insegnanti pre-servizio, da brevi sessioni di sviluppo professionale di tre ore e 20 minuti (Leblanc et al., 2009) all'infusione di argomenti di educazione speciale nelle classi di educazione generale (Cook, 2002). Ogni tipo di formazione ha prodotto risultati simili, suggerendo la necessità di una formazione specifica sui disturbi durante gli anni di formazione pre-servizio e il conseguente effetto sull'atteggiamento. Questo studio si propone di arricchire la letteratura esaminando gli atteggiamenti degli insegnanti in servizio prima e dopo uno sviluppo professionale mirato sulle caratteristiche dei disturbi dello spettro autistico e sulle strategie per includere gli studenti con ASD nelle classi di educazione generale.

Questo obiettivo sarà raggiunto offrendo una sessione di formazione professionale mirata di due ore e 30 minuti agli insegnanti in servizio, incentrata sulle caratteristiche dei disturbi dello spettro autistico e sull'utilizzo di strategie efficaci basate sulla ricerca per l'inclusione degli studenti con autismo, come indicato dal Codice amministrativo del Texas.

CAPITOLO 3

Metodi

Il presente studio è un disegno sperimentale per esaminare gli atteggiamenti degli insegnanti in servizio verso l'inclusione di studenti con autismo nella classe di istruzione generale dopo uno sviluppo professionale mirato sullo spettro autistico. Sebbene esistano molte ricerche sulle caratteristiche dell'autismo, sugli atteggiamenti degli insegnanti e sull'inclusione in generale, c'è una lacuna nella letteratura esistente quando si combinano le tre specificità. Esiste una letteratura minima sull'atteggiamento degli insegnanti in servizio riguardo all'inclusione degli studenti con autismo e sull'effetto che lo sviluppo professionale ha sul loro atteggiamento. Il terzo capitolo descrive la metodologia impiegata in questo studio sugli atteggiamenti degli insegnanti in servizio riguardo all'inclusione di bambini con autismo in una classe di istruzione generale.

La domanda di ricerca era: Gli atteggiamenti degli insegnanti in servizio migliorano a seguito di uno sviluppo professionale mirato sull'inclusione degli studenti con autismo?

Design della ricerca

Questo studio ha utilizzato un disegno sperimentale per esaminare il cambiamento degli atteggiamenti sull'inclusione degli studenti con autismo nella classe di istruzione generale degli insegnanti in servizio che hanno partecipato a uno sviluppo professionale mirato sull'autismo. Gli studi sperimentali sono condotti quando gli individui vengono inseriti in gruppi sulla base di un'assegnazione casuale (Kirk, 1995). I partecipanti sono stati assegnati in modo casuale a due gruppi diversi: un gruppo sperimentale che ha ricevuto il trattamento di sviluppo professionale specifico e mirato e un gruppo di controllo che non ha ricevuto il trattamento. La variabile dipendente di questo studio era l'atteggiamento dei partecipanti, come riportato nella Teacher Attitude Toward Inclusion Survey (TATIS) (Appendice A). La variabile indipendente era la partecipazione o meno a uno sviluppo professionale specifico sotto forma di una sessione di formazione di due ore e 30 minuti. Lo strumento TATIS è stato somministrato due volte prima dello sviluppo professionale e di nuovo due volte dopo lo sviluppo professionale.

Partecipanti

I partecipanti erano laureandi che stavano conseguendo una laurea in scienze dell'educazione con un certificato in educazione elementare, secondaria, speciale o altri certificati presso una piccola università privata del Texas centrale. Un totale di 65 insegnanti in servizio ha accettato di partecipare allo studio. Si trattava di 15 laureati in educazione elementare, 11 in educazione secondaria, 12 in educazione speciale o studi interdisciplinari e 27 in altre aree a tutti i livelli, come educazione fisica, educazione musicale o educazione artistica. Il corso di studi interdisciplinari è una specializzazione che consente agli studenti di ottenere la certificazione sia in educazione elementare che in educazione speciale. Inoltre, gli studenti sono preparati ad aggiungere ai loro certificati il supplemento di inglese come seconda lingua. I partecipanti avevano un'età compresa tra i 20 e i 45 anni, di cui l'80% tra i 20 e i 25 anni. I senior rappresentano il 75% dei partecipanti. Il restante 25% era costituito da giovani. Il 68% della popolazione campione era costituito da donne. I maschi hanno contribuito al restante 32%.

Tutti i partecipanti a questo studio avevano completato un corso sulle eccezionalità, obbligatorio per tutti i laureati in educazione. Questo corso ha introdotto i laureati in educazione alle 13 etichette categoriali per l'idoneità all'educazione speciale in Texas, compresi i disturbi dello spettro autistico. Questo è stato l'unico corso per laureati in educazione generale che ha incluso materiale relativo alla formazione specifica in materia di educazione speciale. Pertanto, gli studenti che hanno seguito questo corso avevano almeno una minima comprensione dei disturbi, in particolare dell'autismo, e dell'influenza che un disturbo ha nella gestione del contesto educativo generale. I partecipanti che si sono laureati in educazione speciale hanno seguito ben cinque corsi destinati agli educatori speciali in fase di pre-servizio. Si presumeva che i laureati in educazione speciale avessero una comprensione dell'inclusione e dei disturbi dello spettro autistico.

I laureati di secondo livello e gli studenti che si specializzano in altre aree di tutti i livelli, come l'arte, l'educazione fisica e l'educazione musicale, seguono solo quattro corsi del dipartimento di Educazione. I corsi comprendono un'introduzione all'educazione, il corso sulle eccezionalità , un corso sulla gestione della classe e un corso sul curriculum. Tutti gli altri corsi sono specifici per i contenuti. Un totale di 65 insegnanti in servizio ha partecipato a questo studio. Dei 65 partecipanti, 38 erano laureati in materie secondarie o in altri corsi di certificazione. 11 dei 38 partecipanti erano laureati in materie secondarie, mentre 27 erano laureati in materie di tutti i livelli.

Studenti di educazione generale e speciale che avevano seguito il corso sulle eccezionalità e che erano iscritti a corsi di educazione presso l'università nella primavera del 2010.

2012 sono stati selezionati per partecipare allo studio. I professori di due corsi di formazione generale hanno accettato di concedere al ricercatore orari specifici durante il semestre primaverile per venire in classe e somministrare il TATIS. I corsi selezionati erano serali e si riunivano il lunedì e il mercoledì sera. I laureati in educazione speciale non erano iscritti ai corsi serali, ma sono venuti autonomamente per partecipare. Il ricercatore ha partecipato a ogni corso durante l'orario stabilito per somministrare il TATIS e fornire lo sviluppo professionale. Durante la prima visita, il ricercatore ha chiesto ai volontari di partecipare allo studio. I volontari hanno compilato un modulo di consenso alla partecipazione (Appendice B). Un totale di tre studenti ha scelto di non partecipare allo studio. Quelli che hanno scelto di non partecipare hanno raggiunto il loro professore in un'altra classe per continuare le attività specifiche del corso come di consueto. Nove studenti non hanno completato tutte e quattro le somministrazioni del TATIS. I dati incompleti sono stati eliminati dallo studio. In totale, 65 partecipanti hanno completato tutte e quattro le somministrazioni del TATIS e sono stati inclusi nelle analisi dei dati.

Strumenti

Cullen e Noto (2007) hanno sviluppato per la prima volta l'Attitudes of Pre-Service Teachers Toward Inclusion Scale (APTAIS), che consisteva in un questionario a 14 item di tipo Likert progettato per misurare gli atteggiamenti degli insegnanti di educazione generale riguardo all'inclusione degli studenti con disabilità nella classe di educazione generale. In seguito allo sviluppo dell'APTAIS, Cullen, Gregory e Noto (2010) hanno sviluppato la Teacher Attitudes Toward Inclusion Scale (TATIS) per misurare gli atteggiamenti degli insegnanti in servizio e pre-servizio nei confronti dell'inclusione degli studenti con disabilità da lieve a moderata nelle classi di istruzione generale. Il TATIS è un questionario a 14 voci, di tipo Likert, . I partecipanti rispondono alle affermazioni su una scala che va da 1 (Molto d'accordo) a 7 (Molto in disaccordo). La validità del costrutto è stata confermata con un'analisi delle componenti principali. Gli item del TATIS rispecchiano i fattori chiave che, secondo la letteratura, sono evidenti quando un insegnante possiede un atteggiamento positivo nei confronti dell'inclusione. L'affidabilità dello strumento TATIS è stata confermata attraverso la procedura di correlazione alfa di Chronbach ed è stata riscontrata con un coefficiente di correlazione complessivo di .82.

Il punteggio del TATIS prevede l'ottenimento di punteggi grezzi per ciascuna delle tre componenti. I punteggi grezzi vengono combinati per ottenere un punteggio grezzo totale. Un punteggio grezzo basso sul TATIS indicherebbe che l'insegnante ha un atteggiamento positivo nei confronti dell'inclusione dei bambini con disabilità ed è favorevole alle pratiche di inclusione.

Intervento

Lo sviluppo professionale può assumere diverse forme, come descritto in letteratura. Lo sviluppo professionale offerto in questo studio è stato fornito durante le lezioni regolarmente programmate durante il semestre primaverile. Gli studenti hanno avuto la possibilità di partecipare o meno. Per gli studenti che hanno scelto di partecipare, è stato necessario differenziare questo sviluppo professionale dal lavoro tipico del corso. Per raggiungere questo obiettivo sono stati implementati diversi fattori. Il ricercatore ha fornito la formazione. Il ricercatore ha avuto un'esperienza precedente come educatore regolare e speciale e ha lavorato come specialista dell'autismo presso il Centro Servizi Educativi della Regione 12. Questa esperienza ha permesso al ricercatore/presidente di partecipare al corso di formazione. Questa esperienza ha permesso al ricercatore/presentatore di avere un'ampia conoscenza dell'argomento, che potrebbe superare quella generalmente fornita durante una tipica lezione in classe. Data l'esperienza storica del ricercatore, nel corso della formazione sono stati utilizzati esempi ed esperienze reali. La maggior parte degli studenti in ogni sessione di formazione non conosceva il relatore/ricercatore a causa della specializzazione scelta. Il relatore/ricercatore insegna principalmente in corsi di educazione speciale e la maggior parte dei partecipanti aveva una specializzazione diversa dall'educazione speciale.

Un ulteriore fattore che ha contribuito a differenziare questo sviluppo professionale dalla tipica attività in classe è stata la fonte del materiale utilizzato per la formazione. Lo stato del Texas è diviso in 20 regioni, ognuna delle quali ha un Centro Servizi Educativi (ESC) che funge da collegamento tra la Texas Education Agency (TEA) e le agenzie educative locali. In ogni centro di servizio è presente un consulente di educazione speciale che funge da specialista dell'autismo per quella regione. I 20 specialisti dell'autismo fanno parte della Texas Statewide Leadership for Autism per coordinare i servizi e la formazione per lo stato del Texas, nel tentativo di razionalizzare e dare priorità alle esigenze di formazione. La Texas Education Agency ha incaricato la Texas Statewide Leadership for Autism di sviluppare moduli di formazione online affinché gli insegnanti del Texas abbiano accesso a informazioni coerenti e accurate sulle caratteristiche dei disturbi dello spettro autistico e sulle strategie di insegnamento efficaci. Uno dei moduli online è stato progettato per gli insegnanti di educazione generale ed è stato sviluppato anche come presentazione dal vivo. Il ricercatore ha ottenuto dal direttore del Texas Statewide Leadership for Autism il permesso di utilizzare la versione dal vivo del modulo per questo studio. Lo sviluppo professionale, intitolato "Autism in the General Education Classroom", è stato originariamente concepito come una presentazione dal vivo di sei ore. Poiché le lezioni universitarie utilizzate in questo studio erano di tre ore ciascuna, il ricercatore ha modificato la formazione. Il risultato

Lo sviluppo professionale consisteva in una presentazione di due ore e 30 minuti. Ai partecipanti è stato prima fornito un programma visivo per illustrare la strategia necessaria per molti studenti con autismo. I partecipanti hanno spuntato ogni sezione della formazione al suo completamento. La formazione è iniziata con la definizione dei disturbi dello spettro autistico. Il ricercatore ha descritto le attuali ricerche sul cervello riguardo alle possibili cause e agli esiti per le persone affette da autismo. È stata discussa la natura dello spettro dell'autismo, che comprende il disturbo disintegrativo infantile, la sindrome di Rhett, l'autismo classico, la sindrome di Asperger e il disturbo pervasivo dello sviluppo non altrimenti specificato. Nella formazione sono stati descritti gli indicatori precoci dell'autismo. L'autismo è stato descritto come una triade di disturbi che colpiscono il bambino a livello comportamentale, sociale e comunicativo. Sono stati discussi i problemi sensoriali e i loro effetti sul comportamento degli studenti con autismo. Dopo l'analisi delle caratteristiche dell'autismo, il ricercatore è passato alla discussione del valore di queste conoscenze per gli insegnanti di educazione generale. Le caratteristiche dell'autismo, come i disturbi sensoriali, i deficit comunicativi e le preoccupazioni comportamentali, hanno un impatto sul modo in cui gli insegnanti possono condurre le loro classi e sulle aspettative accademiche degli studenti. Le differenze di apprendimento degli studenti con autismo sono state incluse nella formazione, come la necessità di supporti visivi nell'istruzione, nella transizione, nelle procedure e nelle routine. Sono state incluse anche le strategie per sviluppare una cultura di classe positiva. Questa sezione si è concentrata sulla preparazione dello studente autistico in arrivo, dei suoi genitori attraverso un contatto costante e dei compagni non disabili. Nel corso della formazione sono stati utilizzati esempi sotto forma di video, immagini e attività. La tabella 1 riporta il formato generale della formazione. L'Appendice D contiene una descrizione completa della formazione, con attività, video ed esempi applicabili.

Tabella 1

Programma di sviluppo professionale

Tema	Contenuto
Autismo e istruzione generale	Spettro dell'autismo Sottocategorie dell'autismo Cause
	Statistiche
	Diagnosi vs. idoneità
	Indicatori precoci comuni
	Triade di disabilità: comunicazione, socialità, comportamenti limitati/insoliti

	Differenze di apprendimento uniche: video di un bambino con autismo
Cultura dell'accoglienza in classe	Atteggiamento positivo e di accettazione
	Coinvolgimento della famiglia
	Raccogliere informazioni e un team
	Preparare gli studenti/gli interlocutori
	Collegamenti curriculari
	Considerazione sensoriale
	Rinforzo/motivazione
	Aspettatevi il successo
Importanza della comunicazione	Caratteristiche della comunicazione
	La comunicazione si traduce in un comportamento
	Utilizzo/modellamento del linguaggio Cosa possono fare gli educatori?
Pianificare le strategie didattiche	Strategie visive
	Universal Design for Instruction Struttura della classe Competenze sociali
	Modellazione tra pari

Procedure

È stata condotta un'analisi di potenza per il disegno a misure ripetute tra soggetti, utilizzando α = .05, potenza di .80, f di Cohen di 0,3 dimensioni dell'effetto e 0,5 di correlazione. Il ricercatore non era a conoscenza di misure di correlazione test-retest dello strumento, anche se ci si aspettava una certa correlazione. Per questo motivo, il ricercatore ha scelto una correlazione moderata per l'analisi della dimensione del campione. Utilizzando questi parametri, le analisi di potenza hanno indicato una dimensione totale del campione di 58 partecipanti. I partecipanti sono stati estratti da due corsi che gli studenti frequentano di solito dopo il corso sulle eccezionalità richiesto per questo studio. Il calendario della somministrazione del TATIS e dello sviluppo professionale è riportato nella Tabella 2. Il ricercatore ha partecipato alla prima lezione una volta che il corso è stato completato. Il ricercatore ha partecipato alla prima lezione una settimana prima dell'intervento. Il ricercatore ha partecipato alla seconda lezione due settimane prima dell'intervento. I volontari sono stati reclutati in entrambe le classi. Gli studenti che hanno scelto di partecipare hanno compilato un questionario demografico (Appendice C). Il questionario chiedeva ai partecipanti informazioni sulla specializzazione scelta, sull'età, sull'anno scolastico, sul sesso, sulle opportunità di lavorare con studenti con autismo e altre disabilità e sull'esposizione a persone con autismo e altre disabilità. Agli studenti è stato poi chiesto di completare il TATIS. Il ricercatore ha controllato l'elenco degli iscritti per ogni classe. Un partecipante era iscritto a entrambi i corsi utilizzati in questo studio. A questo partecipante non è stato somministrato il questionario demografico o il TATIS due volte.

Tabella 2

Programma di amministrazione di TATIS e sviluppo professionale

6 e 8 febbraio, 2012	13 e 22 febbraio, 2012	29 febbraio & 5 marzo 2012	7 e 19 marzo 2012
I partecipanti hanno compilato il modulo di consenso I partecipanti hanno completato questionario demografico I partecipanti hanno completato il TATIS	I partecipanti hanno completato il TATIS Partecipanti assegnati in modo casuale ai gruppi Il gruppo sperimentale ha ricevuto lo sviluppo professionale in un'aula separata. Il gruppo di controllo ha continuato a svolgere le normali attività in classe	Partecipanti completato TATIS	Partecipanti completato TATIS

Dopo la prima visita, il ricercatore ha assegnato a caso ogni partecipante a uno dei due gruppi di trattamento. A tal fine sono stati raccolti tutti i questionari demografici. I questionari sono stati suddivisi in sequenza in tre gruppi. Il ricercatore ha poi diviso in sequenza i questionari del terzo gruppo tra il primo e il secondo gruppo. Dei due gruppi risultanti, uno è stato scelto a caso come gruppo sperimentale e l'altro come gruppo di controllo.

Il ricercatore ha partecipato alla prima lezione una settimana dopo la visita iniziale. Il ricercatore ha partecipato due settimane dopo la visita iniziale. Tutti i partecipanti hanno completato il

TATIS per una seconda misura. Il gruppo sperimentale è rimasto in classe per partecipare alla formazione mirata allo sviluppo professionale. Il gruppo di controllo si è recato in un'altra aula simile con il professore del corso, dove la lezione è proseguita come da programma. Tutti i partecipanti, sperimentali e di controllo, sono rimasti nelle rispettive sessioni per lo stesso periodo di tempo. Gli studenti che hanno scelto di non partecipare allo studio si sono recati con il professore del corso in un'altra aula e hanno continuato le attività regolarmente programmate. Ai partecipanti del gruppo sperimentale non è stato negato l'accesso al materiale del corso in virtù della partecipazione allo studio. I professori dei gruppi di controllo hanno svolto attività di ripasso e non hanno fornito nuovi insegnamenti.

Ai partecipanti al gruppo sperimentale è stato fornito uno sviluppo professionale specifico, ottenuto dalla Rete statale per l'autismo del Texas. Questa formazione è stata sviluppata dalla Texas Statewide Leadership for Autism e modificata dal ricercatore per essere utilizzata nello studio.

Tre settimane dopo il completamento dello sviluppo professionale, il ricercatore ha partecipato alla prima classe utilizzata in questo studio per fornire la terza somministrazione del TATIS. La seconda classe utilizzata in questo studio ha completato il TATIS una settimana dopo lo sviluppo professionale. Ai partecipanti dei gruppi sperimentale e di controllo è stato chiesto di completare nuovamente l'indagine TATIS come misura degli atteggiamenti dopo lo sviluppo professionale. Gli studenti che non hanno partecipato allo studio sono rimasti in classe durante la compilazione dell'indagine. Per completare l'indagine sono stati necessari meno di 10 minuti.

Il ricercatore ha frequentato nuovamente la prima classe utilizzata in questo studio due settimane dopo per fornire la quarta e ultima somministrazione del TATIS. La seconda classe ha partecipato alla quarta e ultima somministrazione del TATIS una settimana dopo la terza somministrazione (Tabella 2).

Analisi dei dati

Sono state effettuate quattro somministrazioni del TATIS: due prima dello sviluppo professionale e due dopo lo sviluppo professionale. Sono state esaminate le ipotesi di normalità, omogeneità della varianza e sfericità. È stata condotta un'ANOVA a due fattori a misure ripetute con lo sviluppo professionale come variabile indipendente e i punteggi medi del gruppo riflessi sul TATIS come misura dipendente. Sono state esaminate le interazioni all'interno e tra i gruppi e le misure di dimensione dell'effetto utilizzando l'eta quadrato generalizzato. L'eta quadrato generalizzato è stato descritto da Bakeman (2005) come una misura appropriata dell'effect size quando si conducono disegni a misure ripetute. L'eta quadrato generalizzato considera la varianza all'interno dei soggetti e tra i soggetti nel denominatore. Sono state esaminate anche alcune somministrazioni, in particolare la prima e la terza somministrazione del TATIS. Le medie di entrambi i gruppi di trattamento sono state confrontate alla prima somministrazione del TATIS, prima dell'intervento. Poiché la terza somministrazione rappresentava gli atteggiamenti dei partecipanti al gruppo sperimentale subito dopo l'intervento, è stato esaminato un *t-test* della media indipendente per determinare se fosse stato rilevato un valore significativo nella varianza alla terza somministrazione dello strumento TATIS. La *d* di Cohen è stata utilizzata come misura della dimensione dell'effetto.

CAPITOLO 4

Risultati

Lo scopo di questo studio è stato quello di determinare se uno sviluppo professionale mirato potesse produrre un cambiamento negli atteggiamenti degli insegnanti in servizio presso una piccola università privata.

Partecipanti

I partecipanti sono stati reclutati da due corsi di educazione offerti durante il semestre primaverile. Sono stati inclusi nello studio anche partecipanti di un corso destinato a studenti che si stanno specializzando in educazione speciale. Un totale di 65 insegnanti in servizio ha partecipato a tutte e quattro le somministrazioni del TATIS, che misura l'atteggiamento verso l'inclusione di bambini con autismo in un contesto educativo generale. Le tabelle 3 e 4 illustrano la distribuzione delle lauree e delle specializzazioni dei partecipanti in base ai gruppi di trattamento. Gli studenti del gruppo "Istruzione elementare" stanno acquisendo la certificazione per insegnare alla prima infanzia fino alla prima media. I membri del gruppo "Educazione secondaria" stanno acquisendo la certificazione per i gradi 4-8 o in una particolare area di contenuto e insegneranno nei gradi 8-12. I partecipanti al gruppo "Educazione speciale/Interdisciplinare" si stanno specializzando in tutti i livelli di educazione speciale o stanno conseguendo una doppia certificazione in educazione elementare e educazione speciale. Il gruppo "Altro" comprende gli studenti che si sono laureati in educazione fisica, arte o musica. La maggior parte dei partecipanti a questo gruppo si sta certificando per insegnare tutti i livelli di educazione fisica e desidera anche allenare l'atletica. Questo gruppo rappresenta il doppio dei partecipanti rispetto agli altri. La forte partecipazione del dipartimento di Scienze dell'esercizio e dello sport potrebbe aver contribuito ai risultati di questo studio e meriterebbe ulteriori ricerche.

Tabella 3

Specialità del partecipante

Maggiore	Numero di partecipanti
Educazione elementare	15
Istruzione secondaria	11
Educazione speciale/Interdisciplinare	12
Altro	27

Tabella 4

Maggiore dei partecipanti all'interno del gruppo di trattamento

Trattamento Gruppo	Maggiore	Numero di Partecipanti
Sperimentale	Educazione elementare	7
	Istruzione secondaria	6
	Speciale Educazione/Interdisciplinare	7
	Altro	17
Controllo	Educazione elementare	8
	Istruzione secondaria	5
	Speciale Educazione/Interdisciplinare	5
	Altro	13

Le tabelle 5 e 6 forniscono statistiche descrittive sull'età dei partecipanti.

Il 75% dei partecipanti era costituito da studenti dell'ultimo anno di insegnamento. Il restante 25% era costituito da juniores.

Tabella 5

Età dei partecipanti

Età dei partecipanti

Fascia d'età	Minimo	Massimo	Media	Standard Deviazione
20-48	20	48	24.71	7.25

Tabella 6

Distribuzione dell'età dei partecipanti

Fascia d'età	Età dei partecipanti Distribuzione Frequenza	Percentuale
20-25	52	80.0
26-30	4	6.2
30+	9	13.8

Ai partecipanti è stato chiesto di riferire la loro esperienza di lavoro con studenti con disabilità e la loro esposizione a studenti con disabilità. Ogni domanda chiedeva ai partecipanti di classificare le loro risposte su una scala a quattro punti: zero indicava nessuna esperienza/esposizione, uno indicava un'esperienza/esposizione minima, due indicava un'esperienza/esposizione frequente e tre indicava un'esperienza/esposizione ampia. I risultati sono riportati nelle Tabelle 7 e 8.

Tabella 7

Esperienza di lavoro con studenti disabili

Esperienza di lavoro con studenti disabili

	Frequenza	Percentuale
Nessuno	14	21.5
Minimo	37	56.9
Spesso	12	18.5
Ampio	2	3.1

Tabella 8

Esposizione a studenti con disabilità

Esposizione a studenti con disabilità		
Categorie	Frequenza	Percentuale
Nessuno	4	6.2
Minimo	34	52.3
Spesso	23	35.4
Ampio	4	6.2

La domanda di ricerca di questo studio era: "Le medie di gruppo degli atteggiamenti degli insegnanti in servizio migliorano in seguito a uno sviluppo professionale mirato sull'inclusione degli studenti con autismo"? Per determinare l'atteggiamento degli insegnanti in servizio verso l'inclusione degli studenti con autismo nella classe di istruzione generale, i partecipanti hanno risposto al TATIS, un sondaggio sull'atteggiamento verso l'inclusione in 4 momenti successivi. Ogni somministrazione dello strumento è indicata da un numero che segue il titolo dello strumento. Ad esempio, la prima somministrazione è denominata TATIS1. La seconda somministrazione è denominata TATIS2. Lo stesso schema continua per la terza e la quarta somministrazione.

Ipotesi

Prima di completare l'analisi dei dati, sono stati condotti test di normalità per verificare che l'ipotesi di normalità fosse soddisfatta. I dati descrittivi della normalità sono presentati nella Tabella 9. TATIS1 e TATIS3 non sono risultati significativi nei test di skewness. TATAS2 e TATIS4 presentavano una certa asimmetria negativa. Tutte le somministrazioni del TATIS erano normalmente distribuite per quanto riguarda la curtosi. L'esame del grafico Q-Q riportato nelle Figure 1-4 illustra visivamente la normalità evidente in ogni somministrazione del TATIS.

Tabella 9

Normalità dei dati

	N	Media	Media d'ampiezza	Skewness	Curtosi
Amministrazione	Statistica	Statistica	Statistica	Statistica Std	Statistica Std

				Errore		Errore	
TATIS1	65	43.65	8.48	-.566	.297	-.490	.586
TATIS2	65	43.57	8.31	-.702	.297	-.240	.586
TATIS3	65	41.68	10.04	-.581	.297	-.114	.586
TATIS4	65	41.97	11.39	-.708	.297	.023 .	586

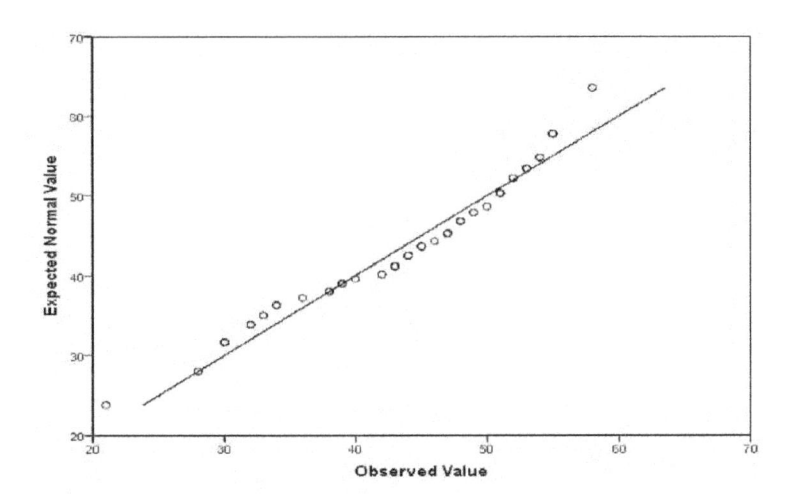

Figura 1 Grafico Q-Q TATIS1

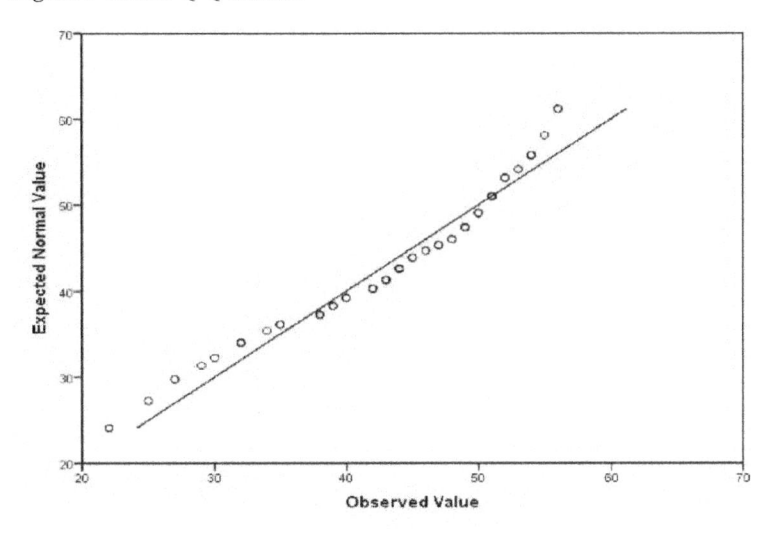

Figura 2 Grafico Q-Q TATIS2

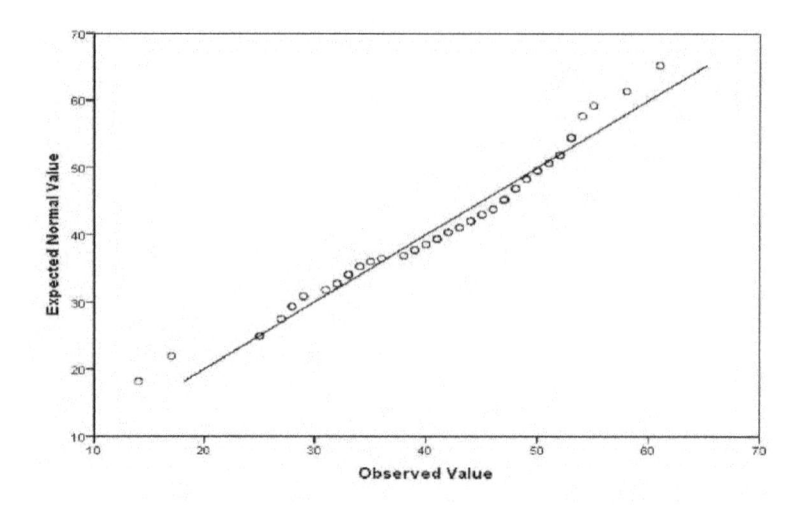

Figura 3 Grafico Q-Q TATIS3

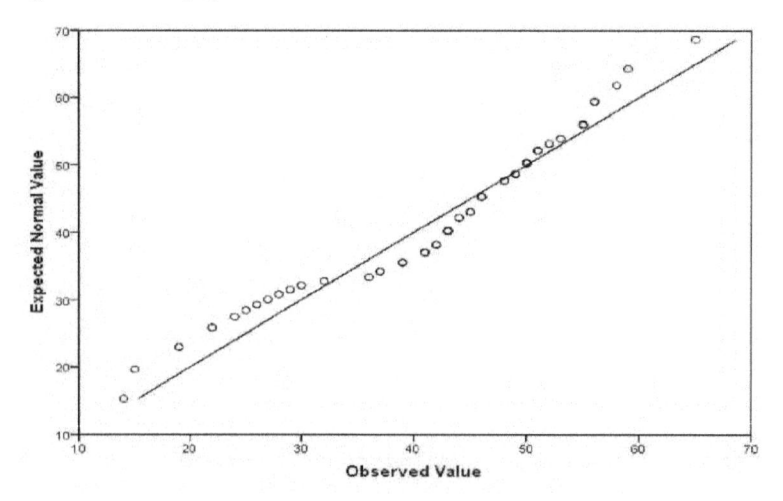

Figura 4 Grafico Q-Q TATIS4

Il test di Kolmogorov-Smirnov è stato condotto utilizzando SPSS (*vs.* 19). I punteggi del TATIS1, $D(34) = .093, p > .05$; del TATIS2, $D(34) = .20, p > .05$; e del TATIS3, $D(34) = .20, p > .05$, sono risultati non significativi, suggerendo che il campione è probabilmente normale (Field, 2009). I punteggi del TATIS4, $D(34) = .042, p < .05$, sono risultati leggermente significativi (Tabella 10).

Tabella 10

Test di Kolmogorov-Smirnov di normalità

Amministrazione dello strumento	Kolmogorov-Smirnov		
	Statistica	DF	Sig.
TATIS1	.139	34	.093
TATIS2	.124	34	.200
TATIS3	.104	34	.200
TATIS4	.153	34	.042

L'omogeneità della varianza è stata testata utilizzando il test di Levene. Per i punteggi dello strumento TATIS, le varianze erano uguali in tutte le somministrazioni (Tabella 11).

Tabella 11

Test di Levene per l'omogeneità della varianza

	F	df1	df2	Sig.
TATIS1	.068	3	61	.977
TATIS2	.070	3	61	.976
TATIS3	.043	3	61	.988
TATIS4	.586	3	61	.627

L'omogeneità della sfericità è stata testata utilizzando il test di Mauchly. La sfericità presuppone che le varianze delle differenze tra i gruppi di trattamento siano uguali. Il test di Mauchley ha indicato che le assunzioni di sfericità sono state violate $\chi^2(5) = 32,12$, $p < .05$, indicando che esistono differenze significative tra le differenze delle varianze tra i gruppi, con conseguente inaffidabilità *dei rapporti F* (Tabella 12). Per correggere la violazione della sfericità, è necessario apportare una correzione ai gradi di libertà. Una correzione conservativa può essere effettuata utilizzando la correzione di Greenhouse-Geisser. Le correzioni di Greenhouse-Geisser ai gradi di libertà vengono utilizzate quando le stime sono superiori a .75.

Tabella 12

Test di Mauchly per la sfericità

All'interno effetto dei soggetti	Mauchly's W	Circa. Chi-quadrato	df	Sig.	Epsilon Serra... Più basso... Guisser Legato	Huynh-Feldt
	.631	27.453	5	.000	.779 .333	.852

L'influenza dello sviluppo professionale sugli atteggiamenti dei partecipanti

Dopo aver verificato le ipotesi, i risultati sono stati analizzati. La scala per ciascun item del TATIS prevede che i partecipanti indichino un 1 se sono fortemente d'accordo con l'affermazione e un 7 se sono fortemente in disaccordo con l'affermazione. Punteggi grezzi bassi sono indicativi di una visione più positiva dell'inclusione. I punteggi grezzi vanno da 32 a 68. I punteggi grezzi per ogni gruppo sono riportati nella Tabella 13.

Tabella 13

Confronto tra le medie e le SD delle diverse somministrazioni dello strumento TATIS.

Gruppo di trattamento	TATIS1	TATIS2	TATIS3	TATIS4
1 Significato	43.71	44.06	40.59	41.29
N	34.00	34.00	34.00	34.00
SD	7.54	7.64	10.38	11.04
2 Significato	43.58	43.03	42.87	42.71
N	31.00	31.00	31.00	31.00
SD	9.53	9.09	9.69	11.90

La media grezza del TATIS1 per il gruppo sperimentale è stata di 43,71 e per il gruppo di controllo di 43,58 (Tabella 12). Un punteggio di 43 si colloca all'88° [88] percentile per il campione di normalizzazione TATIS, indicando che tutti i partecipanti allo studio avevano un atteggiamento positivo verso l'inclusione prima dello sviluppo professionale. Dopo lo sviluppo professionale, il punteggio grezzo del gruppo sperimentale è sceso a 40,59 ([97°] percentile), rappresentando un miglioramento dell'atteggiamento.

È stato condotto un disegno a due fattori a misure ripetute per determinare l'effetto dell'aumento dei punteggi medi del gruppo sperimentale come risultato della partecipazione allo sviluppo professionale. I punteggi medi di entrambi i gruppi di trattamento ad ogni somministrazione sono rappresentati visivamente nella Figura 5. La serie 1 rappresenta il gruppo sperimentale. La serie 2 rappresenta il gruppo di controllo. L'ANOVA a una via, all'interno di un soggetto, ha rivelato che non c'era una differenza significativa all'interno del campione tra le quattro somministrazioni del TATIS, $F(2.26, 142.26) = 1.50$, $p > .05$, $\eta^2 = .01$ *generalizzata* che indica una piccola dimensione dell'effetto. (Tabella 14) L'intervento non spiega che una piccola parte della varianza rilevata nei risultati. Tuttavia, questa variazione potrebbe essere il risultato dell'errore standard all'interno dello strumento. I risultati indicano un effetto non significativo tra i soggetti $F(1,63) = .087, p > .05$ (Tabella 15).

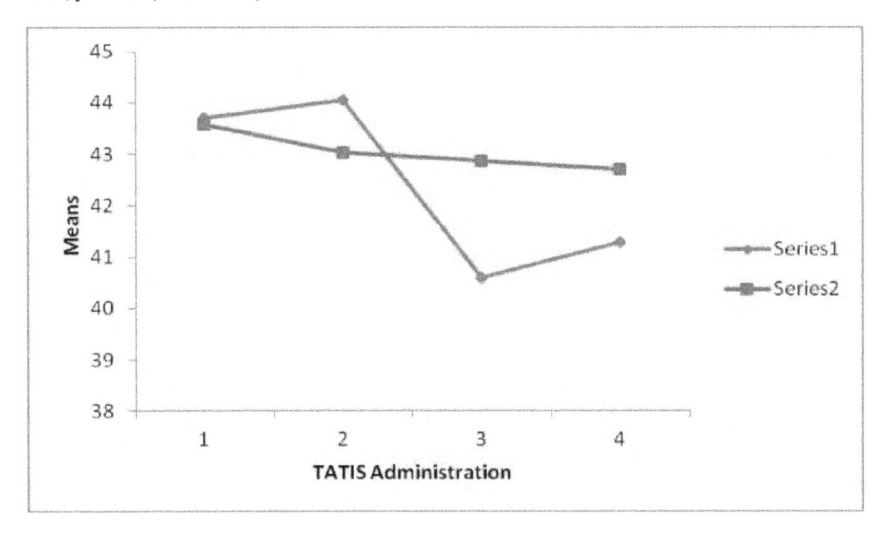

Figura 5 Media marginale stimata dell'amministrazione TATIS

Tabella 14

Test degli effetti all'interno del soggetto

Sessioni*gruppi	Somme quadrati di tipo III	df	Media Quadrato	F	Sig.
Serra... Geisser	108.044	2.261	47.779	1.496	.226
Errore					
Serra - Geisser	4549.472	142.463	31.934		

Tabella 15

Test degli effetti tra i soggetti

Fonte	Tipo III Somme di Quadrati	df	Media Quadrato	F	Sig.
Intercettazione	118428.049	1	118428.049	1562.903	.000
Gruppo	6.572	1	6.572	.087	.769
Errore	4773.788	63	75.774		

L'esame della prima e della terza somministrazione del TATIS rivela differenze nelle medie dei gruppi di trattamento. I dati riflettono che le medie del gruppo sperimentale (M = 43,71) e del gruppo di controllo (M = 43,58) hanno dimostrato punteggi equivalenti alla prima somministrazione del TATIS. Dopo lo sviluppo professionale, i punteggi del gruppo di controllo sono rimasti costanti (M = 42,87), mentre il gruppo sperimentale (M = 40,49) ha dimostrato un notevole aumento dell'atteggiamento. Le differenze nelle medie indicano che lo sviluppo professionale fornito al gruppo sperimentale ha avuto un impatto sugli atteggiamenti degli insegnanti in servizio verso l'inclusione degli studenti con autismo nel contesto educativo generale.

La terza somministrazione dello strumento rappresenta il momento immediatamente successivo alla consegna dello sviluppo professionale. È stato condotto un *test t a* media indipendente per confrontare le medie tra il gruppo di trattamento e quello di controllo. I risultati hanno indicato che non c'era una differenza statisticamente significativa tra il gruppo sperimentale ($n = 34$, $M = 40,59$, $SD = 10,38$) e quello di controllo ($n = 31$, $M = 42,87$, $SD = 9,69$), $t(-.914)$, $p > .05$. Tuttavia, i risultati hanno indicato un aumento degli atteggiamenti positivi dei docenti. Tuttavia, i risultati hanno indicato un aumento degli atteggiamenti positivi in seguito allo sviluppo professionale. Il ricercatore ha previsto di dimostrare un aumento degli atteggiamenti positivi a seguito dello sviluppo professionale per quanto riguarda l'inclusione degli studenti con autismo nel contesto educativo generale.

La considerazione delle specializzazioni dei partecipanti non faceva parte della domanda di ricerca; tuttavia, i dati sono stati raccolti nel questionario demografico. La distribuzione tra le specializzazioni è stata relativamente equa, con l'eccezione delle specializzazioni di "tutti i livelli", che comprendono educazione fisica, educazione musicale e arte. In questo gruppo c'era il doppio dei partecipanti rispetto a tutti gli altri gruppi. È stata calcolata un'ANOVA a misure ripetute per esaminare se la specializzazione di uno studente avesse un impatto sul suo atteggiamento nei confronti dell'inclusione degli studenti con autismo. È emerso un effetto significativo quando si è considerata la specializzazione dei partecipanti nel tempo, $F(7.01, 142.53) = 2.20$, $p < .05$, $\eta^2 parziale = .098$ che rappresenta una grande dimensione dell'effetto. Un'ampia dimensione dell'effetto indica che gran parte della varianza può essere attribuita all'intervento e non all'errore. È stato condotto un confronto post hoc Bonferroni aggiustato per considerare la varianza tra le major secondarie e quelle di Educazione speciale/interdisciplinare. I confronti Bonferroni sono considerati conservativi e controllano l'errore di tipo I. Il test post hoc ha rilevato differenze significative ($p < .05$) tra i laureati in Scienze secondarie ($M = 48,36$, $SD = 9,15$) e quelli in Educazione speciale/Interdisciplinare ($M = 35,08$, $SD = 9,27$).

CAPITOLO 5

Discussione

Questo studio ha cercato di determinare se uno sviluppo professionale mirato di due ore e 30 minuti abbia influito sull'atteggiamento degli insegnanti in servizio verso l'inclusione degli studenti con autismo nella classe di istruzione generale. La letteratura indica che l'atteggiamento di un insegnante ha un effetto sul modo in cui costruisce l'apprendimento e sul successo degli studenti. Alcune ricerche indicano che lo sviluppo professionale è un valido strumento per modificare gli atteggiamenti degli insegnanti. Sze (2009) ha suggerito che la formazione degli insegnanti in servizio su specifiche disabilità è necessaria per produrre un atteggiamento positivo verso l'inclusione. Di conseguenza, questo studio ha utilizzato lo sviluppo professionale creato dalla Texas Statewide Leadership for Autism per facilitare una formazione coerente sui disturbi dello spettro autistico in tutto lo Stato. La formazione è stata originariamente sviluppata come modulo online. I partecipanti potevano accedere alla formazione tramite l'Education Service Center Region XIII e completare la serie di moduli secondo i propri ritmi. Diversi insegnanti della regione hanno indicato una preferenza per la formazione dal vivo. Di conseguenza, la formazione è stata riformattata per includere una presentazione dal vivo di sei ore. Non essendo disponibili sei ore di formazione simultanea per il presente studio, la formazione dal vivo è stata modificata in una formazione di due ore e 30 minuti per includere i componenti chiave della presentazione dal vivo. La versione di due ore e 30 minuti ha formato i partecipanti sulle caratteristiche dei disturbi dello spettro autistico, sulla comunicazione, sul comportamento e sui problemi sensoriali, utilizzando istruzioni dirette, strategie collaborative, video e discussioni. All'interno di ogni argomento sono state illustrate le strategie di gestione dell'aula e di insegnamento che la ricerca ha dimostrato essere efficaci nell'insegnamento agli studenti con autismo.

I risultati dello studio hanno dimostrato che l'uso di uno sviluppo professionale di due ore e 30 minuti ha modificato leggermente i punteggi medi degli insegnanti in servizio nel gruppo sperimentale, mentre i punteggi medi del gruppo di controllo sono rimasti costanti. La quantità di tempo fornita nella formazione in questo studio è equivalente alla quantità di tempo generalmente fornita allo studio dei disturbi dello spettro autistico in una classe di eccezionalità come parte del curriculum universitario degli insegnanti pre-service. Sebbene sia stato notato un leggero cambiamento nei punteggi medi del gruppo sperimentale, questo studio supporta il lavoro di Jennett, Harris e Mesibov (2003) che indica la necessità di una formazione adeguata e sufficiente nelle aree dell'autismo e di altri disturbi dello sviluppo. Un'ulteriore ricerca di Cook (2002) sostiene che l'attuale programmazione per gli insegnanti in servizio non è sufficiente a produrre cambiamenti significativi negli atteggiamenti degli insegnanti in servizio verso l'inclusione.

Ricerche precedenti hanno dimostrato che gli atteggiamenti degli insegnanti possono essere un buon predittore del comportamento (Fazio & Zanna, 1978). Comportamenti come l'inserimento di studenti con disabilità (Agbenyega, 2007), le pratiche di inclusione (Ross-Hill, 2009) e l'implementazione delle migliori pratiche (McGregor & Campbell, 2001) sono direttamente influenzati dagli atteggiamenti che giustificano la necessità di fornire strumenti per influenzare positivamente gli atteggiamenti degli insegnanti in servizio.

I risultati hanno dimostrato, tuttavia, che la specializzazione dei partecipanti ha influenzato in modo significativo i loro atteggiamenti e gli eventuali effetti dello sviluppo professionale. La differenza maggiore negli atteggiamenti è stata notata tra i laureati in materie secondarie e i laureati in educazione speciale/interdisciplinare. Inoltre, con l'eccezione della prima somministrazione del TATIS, i laureati in materie secondarie hanno ottenuto i punteggi grezzi più alti rispetto a tutti gli altri. Un punteggio grezzo elevato indica uno scarso atteggiamento nei confronti dell'inclusione e una preferenza per ambienti più tradizionali ed escludenti per gli studenti con autismo. I punteggi delle lauree secondarie sono aumentati costantemente anche dopo la partecipazione allo sviluppo professionale. Ciò indica gli atteggiamenti più negativi nei confronti dell'inclusione degli studenti con autismo nelle classi di istruzione generale. Inoltre, la differenza tra i punteggi dei laureati in materie secondarie e quelli dei laureati in materie speciali indica che quando gli insegnanti in servizio hanno una formazione approfondita sull'insegnamento ai bambini con disabilità, è più probabile che abbiano atteggiamenti più positivi nei confronti dell'inclusione.

Come è stato osservato nella revisione della letteratura, gli studenti secondari con bisogni speciali sono spesso costretti in ambienti più ristretti a causa del requisito "altamente qualificato" stabilito dal No Child Left Behind Act. Gli studenti il cui livello di funzionamento è abbastanza alto da consentire l'accesso alla classe di istruzione generale sono spesso accompagnati da un paraprofessionista, che spesso assume il ruolo di educatore primario per gli studenti con disabilità nella classe di istruzione generale. Il paraprofessionista è spesso fisicamente vicino agli studenti con bisogni speciali. La prassi comune prevede che l'insegnante di educazione generale impartisca l'istruzione iniziale a tutta la classe, seguito dal paraprofessionista, che può insegnare nuovamente il materiale allo studente per ulteriori spiegazioni e istruzioni. In alcuni casi, è l'insegnante di educazione speciale che affianca l'insegnante di educazione generale nella classe di educazione generale. In entrambi i casi, la responsabilità per lo studente è apparentemente rimossa dall'insegnante di educazione generale secondaria. A causa delle limitazioni del personale, i paraprofessionisti e gli insegnanti di educazione speciale devono dividere il loro tempo tra tutte le classi di educazione generale. Il risultato è che gli studenti delle classi di istruzione generale potrebbero non ricevere il supporto necessario quando ne hanno bisogno. In questo modo, lo studente con bisogni speciali rimane nell'aula di educazione generale senza alcun supporto esterno e la responsabilità ricade sull'insegnante di educazione generale che ha ricevuto una formazione minima, se non addirittura nulla, sull'educazione degli studenti con bisogni speciali.

Il gruppo di partecipanti che ha dimostrato il maggior cambiamento nell'atteggiamento dalla prima alla terza somministrazione è stato quello dei laureati in scienze elementari. Questo gruppo ha dimostrato un effetto di dimensioni medio-grandi ($d = 0,67$). I video e le immagini dello sviluppo professionale includevano bambini piccoli e aule tipiche delle scuole elementari. È possibile che i laureati in scienze elementari avessero maggiore familiarità con le rappresentazioni visive viste nella formazione e potessero immaginare di partecipare alle pratiche suggerite. Al contrario, i video e le immagini non rappresentavano visivamente l'aspetto tipico di una classe secondaria e, di conseguenza, non hanno creato un collegamento personale con i laureati in materie secondarie che hanno partecipato a questo studio.

I laureati in educazione speciale/interdisciplinare non hanno mostrato un cambiamento significativo nell'atteggiamento dopo lo sviluppo professionale. Tuttavia, questo gruppo ha ottenuto un punteggio del [98°] percentile prima dell'intervento ed è salito al [99°] percentile dopo l'intervento. Si potrebbe ipotizzare che gli specializzandi in educazione speciale di questo studio avessero già un atteggiamento favorevole alle pratiche inclusive e che l'intervento abbia ulteriormente rafforzato le loro convinzioni. Inoltre, questi partecipanti avevano già ricevuto un'ampia formazione sul servizio agli studenti con bisogni speciali, il che suggerisce che per aumentare l'attitudine di tutti gli insegnanti, potrebbe essere necessario includere nel corso di studi pre-servizio corsi aggiuntivi rispetto al corso singolo sulle eccezionalità.

Implicazioni

Come è stato osservato nel Capitolo 3, i laureati di livello secondario e di tutti i livelli partecipano solo a quattro corsi di educazione. Data la limitata esposizione ai principi pedagogici e agli studenti con bisogni speciali, non sorprende che gli insegnanti di educazione generale della scuola secondaria abbiano un atteggiamento più negativo nei confronti dell'inclusione degli studenti con autismo e disabilità dello sviluppo. Considerando il continuo declino dell'atteggiamento rilevato in questo studio, si potrebbe ipotizzare che le informazioni fornite durante un breve sviluppo professionale possano aver ulteriormente rafforzato l'atteggiamento dei docenti di educazione generale sapendo che il supporto del personale di educazione speciale è limitato e le esigenze degli studenti sono così grandi. Dato che la maggior parte del curriculum di educazione generale per i laureati in materie secondarie è orientato verso argomenti specifici di contenuto, potrebbe essere necessario aumentare la quantità di formazione sull'educazione speciale fornita a questa popolazione durante i corsi pre-servizio. La ricerca condotta da Leblanc (2009) prevedeva una formazione di tre ore e 20 minuti per gli insegnanti pre-servizio del settore secondario e ha dimostrato risultati significativi per quanto riguarda gli atteggiamenti. Tuttavia, nello studio di Leblanc, la formazione è stata erogata nell'arco di due mesi e di due sessioni di formazione. Potrebbe essere necessario offrire una quantità simile di formazione, ma per un periodo di tempo più lungo, per avere un impatto sugli atteggiamenti degli insegnanti pre-servizio del settore secondario.

Le implicazioni di questo studio per i programmi di preparazione degli insegnanti sono significative. I corsi di specializzazione secondaria e di altro livello sono incentrati sui contenuti. Tuttavia, le disposizioni dell'IDEA richiedono l'inserimento di studenti con disabilità nelle classi di istruzione generale. Gli istituti di istruzione superiore potrebbero dover prendere in considerazione l'esposizione dei certificatori secondari e di tutti i livelli ai corsi pedagogici e a quelli incentrati sugli studenti con disabilità. La letteratura è chiara riguardo al legame diretto tra atteggiamenti e comportamenti conseguenti. Gli insegnanti senza formazione possono avere atteggiamenti positivi ed essere disposti a implementare le migliori pratiche, ma non hanno la base di conoscenze su cui costruire le proprie competenze. Molti soffrono a causa di questa mancanza di esposizione. Sicuramente gli studenti ne risentono. Si trovano in classi con insegnanti che hanno ricevuto un'istruzione minima sulla pedagogia e ancora meno esposizione e istruzione sulle eccezioni. L'insegnante soffre semplicemente per mancanza di conoscenza e comprensione. La scuola e l'agenzia educativa locale ne risentono quando gli studenti con disabilità partecipano a test ad alto rischio. Gli studenti delle classi di istruzione generale probabilmente sosterranno l'esame generale con poche agevolazioni. I risultati dell'esame hanno un impatto diretto sullo stato della scuola e sulle opportunità disponibili per lo studente.

Limitazioni

Una limitazione di questo studio riguarda le modifiche apportate all'intervento. Lo sviluppo professionale era stato originariamente concepito come un modulo online per uso individuale. Su richiesta degli insegnanti in servizio, il modulo è stato convertito in un modello di consegna dal vivo di sei ore. I partecipanti a questo studio non erano disponibili per un periodo continuo di sei ore. Di conseguenza, il ricercatore ha modificato la presentazione dal vivo e l'ha ridotta a una presentazione di due ore e 30 minuti per soddisfare le richieste dei partecipanti. La modifica ha incluso i componenti chiave della formazione originale, ma ha escluso gran parte delle attività pratiche che richiedevano molto tempo. Di conseguenza, i partecipanti non hanno avuto l'opportunità di impegnarsi pienamente nelle discussioni di gruppo nella misura desiderata dal ricercatore per aiutare a chiarire i concetti. Discussioni di gruppo più approfondite avrebbero potuto illuminare alcune delle preoccupazioni dei laureati secondari, consentendo di fornire spiegazioni e ulteriori istruzioni.

Un'altra limitazione di questo studio potrebbe essere l'uso di due classi separate. Questo metodo di consegna è stato scelto per accedere agli studenti a diversi livelli di istruzione. Un gruppo di studenti frequentava un corso che generalmente viene seguito fino a tre semestri prima dell'insegnamento studentesco. In effetti, in molti casi, si tratta di uno dei primi corsi seguiti dai laureati in Scienze dell'educazione. Il secondo gruppo di partecipanti stava insegnando e aveva completato tutti i corsi richiesti prima della laurea. Anche se non fa parte della domanda di ricerca di questo studio, il ricercatore ha esaminato le differenze nelle medie alla terza somministrazione del TATIS tra i due gruppi e non è stata rilevata alcuna differenza significativa ($p >$ .05). L'uso dei due gruppi può essere stato limitante in quanto la somministrazione del TATIS e l'erogazione dello sviluppo professionale non sono avvenute con la stessa tempistica. La tempistica è stata modificata per ogni corso in base alle richieste del professore, alle conferenze che si sono svolte nel corso dello studio e alle vacanze di primavera che si sono svolte prima della somministrazione finale del TATIS. L'incoerenza nella somministrazione del TATIS ha permesso ai partecipanti di avere più o meno tempo tra le opportunità di rispondere agli item del sondaggio, il che potrebbe aver creato effetti di trascinamento o perdite di memoria riguardo al materiale appreso.

Questo studio potrebbe essere stato limitato dalla somministrazione da parte del ricercatore sia dello strumento TATIS sia dello sviluppo professionale. Il ricercatore è generalmente docente di corsi di educazione speciale presso l'università in cui si è svolto lo studio. Per tenere conto dei pregiudizi del ricercatore, quest'ultimo ha scelto un disegno quantitativo puro, in modo da non consentire pregiudizi nell'interpretazione dei risultati. Uno studio qualitativo avrebbe potuto consentire pregiudizi da parte del ricercatore durante la codifica e l'interpretazione delle risposte dei partecipanti, data la sua conoscenza dell'istruzione precedente e delle prestazioni degli studenti. Un disegno quantitativo non ha permesso al ricercatore di esprimere alcun giudizio sulle risposte dei partecipanti, ma solo di registrare i risultati dello strumento TATIS.

Infine, il piccolo campione di partecipanti proveniente da un'unica università privata non consente di generalizzare. La replica di questo studio dovrebbe includere studenti di università pubbliche più grandi e con una maggiore diversità. Inoltre, una distribuzione più uniforme dei corsi di laurea potrebbe essere utile per l'analisi dei dati. In questo studio il numero di partecipanti "di tutti i livelli" era doppio rispetto a quello presente in tutti gli altri gruppi e potrebbe aver influito sui risultati.

Ricerca futura

Questo studio apre molte opportunità per la ricerca futura. La principale limitazione rilevata è stata la modifica dell'intervento da una presentazione di sei ore a una di due ore e 30 minuti. Una possibile opzione di ricerca potrebbe essere quella di replicare lo studio così come è stato progettato e fornire l'intera presentazione di sei ore. In questo modo si potrebbero dimostrare effetti significativi sugli atteggiamenti degli insegnanti pre-servizio nei confronti dell'inclusione degli studenti con autismo nelle classi di istruzione generale. Allo stesso modo, si potrebbe fornire l'intervento come una presentazione dal vivo di sei ore a un gruppo e il modulo on-line a un gruppo secondario per il confronto.

Questa opportunità di ricerca futura rappresenta un'informazione importante. I moduli e le presentazioni dal vivo sono stati sviluppati su richiesta della Texas Education Agency per fornire informazioni coerenti agli insegnanti di tutto lo Stato del Texas. Per approfondire la ricerca utilizzando il materiale formativo sviluppato dalla Rete per l'autismo dello Stato del Texas, sarebbe necessario identificare gli obiettivi della formazione. Ad esempio, lo sviluppatore intendeva che la formazione aumentasse le conoscenze sull'autismo, fornisse strategie per istruire gli studenti con autismo o influenzasse gli atteggiamenti degli insegnanti? Una volta determinati gli obiettivi, la ricerca dei risultati sarebbe appropriata e necessaria. In tempi di ristrettezze fiscali, di aumento del numero di studenti con diagnosi di autismo e di maggiori tassi di inclusione, è fondamentale sapere se le limitate risorse finanziarie stanno effettivamente raggiungendo gli obiettivi prefissati.

È necessario proseguire la ricerca sull'impatto degli atteggiamenti sui comportamenti a livello pre-servizio. In particolare, la letteratura precedente si è concentrata sull'insieme degli insegnanti in servizio. Questo studio si è spinto oltre per illuminare le differenze riscontrate in base alla specializzazione scelta dagli studenti. Ulteriori ricerche dovrebbero essere completate tra le diverse istituzioni che offrono agli insegnanti della scuola secondaria e di ogni ordine e grado ulteriori opportunità di formazione. La letteratura descrive la necessità di una formazione sufficiente. Leblanc (2009) ha riscontrato un aumento dell'atteggiamento dopo tre ore e 20 minuti di formazione in un periodo di due mesi. Kosko e Wilkins (2009) hanno scoperto che i cambiamenti nell'autoefficacia sono raddoppiati dopo otto ore di sviluppo professionale. Appare chiaro che il tempo dedicato alla formazione e la sua erogazione in termini di durata tra le sessioni sono cruciali e rappresentano un'esigenza per ulteriori ricerche.

Infine, la ricerca futura dovrebbe essere condotta sulla relazione tra atteggiamenti, comportamenti conseguenti e autoefficacia. Almog e Shechtman (2007) affermano che i comportamenti adottati dagli insegnanti e le loro pratiche decisionali sono regolati dal livello di autoefficacia dell'insegnante. Berry (2010) ha condotto una ricerca che dimostra il legame tra il ruolo dell'autoefficacia e lo sviluppo degli atteggiamenti degli insegnanti in servizio. I risultati sono stati confermati da studi precedenti di Carroll et al. (2003) e Taylor e Sobel (2001) che indicavano una mancanza di fiducia nelle loro capacità di insegnare in un ambiente inclusivo. Ognuno di questi concetti deve essere ulteriormente esaminato alla luce delle conclusioni di questo studio sulla specializzazione scelta dagli insegnanti in servizio.

Conclusione

La letteratura precedente indica il valore dello sviluppo professionale e il suo impatto sull'atteggiamento degli insegnanti nei confronti dell'inclusione di studenti con autismo e altre disabilità dello sviluppo nelle classi di istruzione generale. Questo studio ha cercato di esaminare il cambiamento nei punteggi medi di un'indagine sull'atteggiamento degli insegnanti in servizio dopo aver partecipato allo sviluppo professionale. I punteggi medi del TATIS sono rimasti costanti per i partecipanti che non hanno ricevuto il trattamento di sviluppo professionale. Al contrario, i punteggi medi del TATIS degli insegnanti in servizio che hanno ricevuto lo sviluppo professionale hanno dimostrato un aumento dell'atteggiamento positivo. Tutti gli insegnanti devono essere formati per insegnare agli studenti con disabilità. Gli studenti con disabilità vengono continuamente inseriti in classi di istruzione generale. Le classi di istruzione generale comprendono le classi tradizionali e altre come l'arte, la musica e l'educazione fisica. Gli insegnanti devono acquisire le competenze necessarie per insegnare efficacemente agli studenti con disabilità attraverso lo sviluppo professionale. Lo sviluppo professionale viene offerto durante la formazione in servizio, ma spesso non è disponibile per gli insegnanti a causa di vincoli finanziari. È durante gli anni di formazione pre-servizio che gli insegnanti hanno le maggiori opportunità di ricevere le istruzioni necessarie per insegnare agli studenti con disabilità. Questo studio ha dimostrato un leggero miglioramento degli atteggiamenti degli insegnanti in servizio.

Tuttavia, questo cambiamento potrebbe essere dovuto all'errore standard dello strumento. I risultati hanno indicato una significatività tra i gruppi partecipanti alla ricerca. La diminuzione dell'atteggiamento dimostrato dagli insegnanti pre-servizio del settore secondario è indicativa della necessità di una maggiore formazione che di solito viene fornita. Leblanc (2009) ha osservato

miglioramento dell'atteggiamento di questo gruppo dopo due sessioni di formazione svolte nell'arco di due mesi. Gli insegnanti pre-servizio della scuola secondaria interagiranno sicuramente con studenti con autismo e hanno bisogno di una formazione adeguata e appropriata per istruire efficacemente gli studenti di questa popolazione. Gli insegnanti elementari in servizio hanno dimostrato i maggiori miglioramenti nell'atteggiamento, anche se non hanno raggiunto lo stesso livello del gruppo di educazione speciale/interdisciplinare. Anche il gruppo che comprendeva l'educazione fisica, musicale e artistica a tutti i livelli ha dimostrato un leggero aumento degli atteggiamenti, ma non ha raggiunto il livello dei partecipanti elementari. Questi risultati indicano che è necessaria un'ulteriore formazione per influenzare gli atteggiamenti degli insegnanti in servizio riguardo all'inclusione degli studenti con disturbi dello spettro autistico nelle classi di istruzione generale.

APPENDICI

Appendice A

Scala degli atteggiamenti degli insegnanti verso l'inclusione (TATIS)

Indicazioni: Lo scopo di questo sondaggio riservato è quello di ottenere una valutazione accurata e valida della vostra percezione dell'inclusione di studenti con disabilità lieve o moderata nelle classi normali. Contiene anche domande relative alle vostre convinzioni sui ruoli professionali, agli atteggiamenti verso la collegialità e alla percezione dell'efficacia dell'inclusione (cioè se credete o meno che l'inclusione possa avere successo). Poiché non esistono risposte "giuste" o "sbagliate" a queste domande, vi preghiamo di rispondere con franchezza.

Definizione di piena inclusione: Ai fini della presente indagine, per piena inclusione si intende l'integrazione degli studenti con disabilità lieve o moderata nelle classi regolari per l'80% o più della giornata scolastica. In base alle leggi federali sull'istruzione speciale, le disabilità da lievi a moderate comprendono disturbi dell'apprendimento, disturbi dell'udito, disturbi visivi, handicap fisici, disturbi da deficit di attenzione, disturbi del linguaggio e disturbi emotivi lievi/moderati, ritardo mentale, autismo o lesioni cerebrali traumatiche.

Utilizzare la seguente scala per tutte le voci:

1=Accordo Molto Forte (AVS), 2=Fortemente D'accordo (SA), 3=Accordo (A), 4=Né D'accordo né in disaccordo (NAD), 5=Disaccordo (D), 6=Fortemente in disaccordo (SD), 7=Disaccordo molto Fortemente (DVS)

		1	2	3	4	5	6	7
1.	Tutti gli studenti con disabilità da lieve a moderata dovrebbero essere educati a classi regolari con coetanei non portatori di handicap, per quanto possibile.	AVS / 1	SA / 2	A / 3	NAD / 4	D SD / 5	DVS / 6	7
2.	Raramente è necessario allontanare gli studenti con disabilità lieve o moderata dalle classi normali per soddisfare le loro esigenze educative.	1	2	3	4	5	6	7
3.	La maggior parte o tutte le classi separate che servono esclusivamente studenti con disabilità lievi o moderate dovrebbero essere eliminate.	1	2	3	4	5	6	7
4.	La maggior parte o tutte le classi normali possono essere modificate per soddisfare le esigenze degli	1	2	3	4	5	6	7

	studenti con disabilità lieve o moderata.							
5.	Gli studenti con disabilità lieve o moderata non dovrebbero essere inseriti in classi regolari con studenti non disabili perché richiederebbero troppo tempo all'insegnante.	1	2	3	4	5	6	7
6.	L'inclusione è un modello più efficiente per l'istruzione degli studenti con disabilità lievi o moderate, perché riduce i tempi di transizione (cioè il tempo necessario per passare da un ambiente all'altro).	1	2	3	4	5	6	7
7.	Gli studenti con disabilità lieve o moderata non dovrebbero essere inseriti in classi regolari con studenti non disabili perché richiederebbero troppo tempo all'insegnante.	1	2	3	4	5	6	7
8.	Ho dei dubbi sull'efficacia dell'inclusione degli studenti con disabilità lieve/moderata nelle classi normali, perché spesso non hanno le competenze accademiche necessarie per avere successo.	1	2	3	4	5	6	7
9.	Ho dei dubbi sull'efficacia dell'inclusione degli studenti con disabilità lievi/moderate nelle classi normali, perché spesso non hanno le abilità sociali necessarie per avere successo.	1	2	3	4	5	6	7
10.	Trovo che gli insegnanti di educazione generale spesso non abbiano successo con gli studenti con disabilità lieve o moderata, anche quando fanno del loro meglio.							
11.	Sarei lieta di avere l'opportunità di insegnare in team come modello per soddisfare le esigenze degli studenti con un livello di istruzione lieve/moderato.	1	2	3	4	5	6	7
	disabilità nelle classi normali.	1	2	3	4	5	6	7
12.	Tutti gli studenti traggono beneficio dal lavoro di squadra	1	2	3	4	5	6	7
13.	insegnamento, cioè l'abbinamento di un insegnante di educazione generale e di un insegnante di educazione speciale nella stessa classe . La responsabilità di educare gli studenti con disabilità lievi/moderate nelle classi normali dovrebbe essere condivisa tra gli insegnanti di educazione generale e speciale.	1	2	3	4	5	6	7
14.	Sarei lieta di partecipare a un modello di insegnante consulente (cioè, incontri regolari di collaborazione tra insegnanti di educazione speciale e generale per condividere idee, metodi e materiali) come mezzo per affrontare le esigenze degli studenti con disabilità lievi/moderate nelle classi normali.	1	2	3	4	5	6	7

Appendice B

Consenso informato a partecipare a uno studio di ricerca

Al partecipante,

Questo modulo chiede il consenso a partecipare a uno studio di ricerca educativa. Questo studio valuterà l'atteggiamento degli insegnanti in servizio sull'inclusione di bambini con disabilità, nello specifico autismo, in una classe di istruzione generale prima e dopo lo sviluppo professionale sui disturbi dello spettro autistico. Durante la ricerca, gli studenti partecipanti completeranno un questionario demografico e 4 somministrazioni di un sondaggio sull'atteggiamento da completare in un periodo di 4 settimane. I partecipanti parteciperanno a una formazione di sviluppo professionale della durata di 3 ore che verrà erogata durante un periodo di lezione regolarmente programmato. La partecipazione a questo studio non avrà alcun impatto sulla capacità dello studente di completare i corsi richiesti.

I dati saranno raccolti da Kris Ward, dottorando presso la Baylor University, nell'ambito di un progetto di tesi. Non sono previsti rischi fisici, psicologici e/o sociologici. Tutti i dati raccolti saranno completamente anonimi per garantire la privacy dei partecipanti. Tutti i dati saranno smaltiti al termine dello studio. Le informazioni demografiche dei partecipanti rimarranno riservate quando saranno citate nello studio. I vantaggi della vostra partecipazione possono includere una maggiore conoscenza delle migliori pratiche di insegnamento per gli studenti con disturbi dello spettro autistico.

La sua firma qui sotto costituisce il suo consenso e la sua volontà di partecipare a questo studio. Non è prevista alcuna penale per la mancata partecipazione e la partecipazione può essere ritirata dallo studio in qualsiasi momento, senza alcuna penale o perdita di benefici. Se si sceglie di partecipare allo studio di ricerca educativa, si prega di restituire il presente modulo di consenso firmato. In caso di domande o dubbi, si prega di contattare Kris Ward al numero di telefono dell'ufficio 254-295-4946 o all'indirizzo e-mail kris_ward1@baylor.edu. È inoltre possibile contattare Julie Ivey-Hatz al numero 254-710-7584 della Baylor University. Le richieste di informazioni sulla natura del ricercatore, sui diritti del soggetto o su qualsiasi altro aspetto della sua partecipazione possono essere rivolte al Comitato universitario per la protezione della ricerca su soggetti umani della Baylor, tramite il presidente Dr. Michael E. Sherr, Chair IRB, Baylor University, One Bear Place #97320, Waco, TX 76798-7320 o telefonicamente al numero 254-710-4483.

Ho letto e compreso il presente modulo e sono consapevole dei miei diritti di partecipante. Ho accettato di partecipare allo studio sulla base delle informazioni fornite. Mi verrà fornita una copia del modulo firmato.

Firma del partecipante
_____
Nome del partecipante

Appendice C

Questionario demografico

ID:

Età: Sesso: _____

Maggiore: _____   Classificazione:

In che misura ha avuto l'opportunità di lavorare con studenti con autismo o altre disabilità?

Nessuno Minimo   Spesso   Esteso

In che misura siete stati esposti, ma non direttamente coinvolti, con persone con disabilità?

Nessuno Minimo   Spesso   Esteso

Appendice D

Schema di sviluppo professionale

Autismo e istruzione generale

- o Natura di spettro dell'autismo
- o Sottocategorie di autismo
- o Cause
- o Statistiche
- • Statistiche più recenti del CDC; 1:88
- o Diagnosi e ammissibilità ai servizi di educazione speciale
- o Indicatori precoci comuni
- • Meno balbettii
- • Meno contatto visivo durante l'alimentazione

- Triade di disabilità: comunicazione, sociale, comportamenti limitati/insoliti
- Differenze di apprendimento uniche

• Video di un bambino di età elementare con autismo che dimostra una comprensione unica dell'alfabeto

Cultura dell'accoglienza in classe

- Atteggiamento positivo e di accettazione
- Coinvolgimento della famiglia

• Comunicare regolarmente con la famiglia

- Raccogliere informazioni e un team

• Ricerca sull'autismo

• Incontro con il personale di supporto

- Preparare gli studenti/gli interlocutori

• Preparare i coetanei con informazioni sull'autismo

• Preparare lo studente con immagini della scuola, visita alla classe, programma visivo.

- Collegamenti curriculari

• Promuovere la generalizzazione delle competenze attraverso il curriculum

- Considerazione sensoriale

• Considerare l'illuminazione, il rumore, gli odori

- Rinforzo/motivazione

• Imparare il valore del rinforzo e i modi per implementarlo con successo.

• Motivare utilizzando gli interessi degli studenti

- Aspettarsi il successo

Importanza della comunicazione

- Caratteristica della comunicazione

• Attività che richiede ai partecipanti di raccontare una storia senza usare le parole.

- La comunicazione si traduce in un comportamento

- Uso/modellazione del linguaggio
- Cosa possono fare gli educatori?

• Dimostrazione di attenzione congiunta: indicare la lavagna e annunciare che i compiti sono sulla lavagna. Dimostrare che la mancanza di attenzione congiunta può indurre lo studente autistico a fraintendere l'annuncio.

Pianificare le strategie didattiche

- Strategie visive

• Fornire a ciascun partecipante un programma visivo della sessione.

• Dimostrare come manipolare il programma visivo

- Progettazione universale dell'istruzione

• Dimostrare come differenziare

- Struttura in classe

• Fotografie di sistemi organizzativi

• Fotografie della disposizione delle aule

• Fotografie dello spazio di lavoro dello studente

- Abilità sociali
- Modellazione tra pari

RIFERIMENTI

Agbenyega, J. (2007). Esame delle preoccupazioni e degli atteggiamenti degli insegnanti nei confronti dell'educazione inclusiva in Ghana. *International Journal of Whole Schooling, 3*, 41-56.

Alghazo, E. M., Dodeen, H., & Algaryouti, I. A. (2003). Atteggiamento degli insegnanti in servizio nei confronti di persone con disabilità: Previsioni sul successo dell'inclusione.

College Student Journal, 37, 515-522.

Almog, O. e Shechtman, Z. (2007). Le convinzioni democratiche e di efficacia degli insegnanti e gli stili di gestione dei problemi comportamentali degli alunni con bisogni speciali. *European Journal of Special Needs Education, 22*, 115-129.

Associazione Psichiatrica Americana. (1994). Manuale diagnostico e statistico dei disturbi mentali. (4a ed.). Washington, DC: Autore.

Armor, D., Conroy-Wsequera, P., Cox, M., King, N., McDonnell, L., Pascal, A., Pauly, E., & Zellman, G. (1976). *Analisi dei programmi di lettura preferenziali in alcune scuole minoritarie di Los Angeles* (Rapporto n. R-2007-LAUSD). Santa Monica, CA: Rand Corporation.

Avramidis, E., Bayliss, P. e Burden, R. (2000). Un'indagine sugli atteggiamenti degli insegnanti ordinari nei confronti dell'inclusione di bambini con bisogni educativi speciali nella scuola ordinaria in un'autorità educativa locale. *Psicologia dell'educazione, 20*, 191-212.

Avramidis, E. e Norwich, B. (2002). Atteggiamento degli insegnanti nei confronti dell'integrazione/inclusione: una revisione della letteratura. *European Journal of Special Needs Education, 17*, 129147.

Bakeman, R. (2005). Statistiche di effect size raccomandate per i disegni a misure ripetute. *Behavior Research Methods, 37*, 379-384.

Bandura, A. (1977a). Autoefficacia: Verso una teoria unificante del cambiamento comportamentale. *Psychological Review, 84*, 191-215.

Bandura, A. (a cura di) (1977b). Teoria dell'apprendimento sociale. Englewood Cliffs, NJ: PrenticeHall, Inc.

Baron-Cohen, S. (2008). Autismo e sindrome di Asperger: I fatti. NY: Oxford University Press.

Beare, P. (1985). Atteggiamento degli insegnanti della classe normale nei confronti dell'integrazione dei soggetti emotivamente disturbati: Possono essere cambiati? (Rapporto n.

EC171390). Minnesota: Handicapped and Gifted Children.

Beirne-Smith, M., Patton, J. R., & Kim, S. H. (2006). Ritardo mentale - Introduzione alle disabilità intellettive. (7th ed.). Upper Saddle River, NJ: Pearson Education Inc.

Bennett, T., DeLuca, D. e Bruns, D. (1997). Mettere in pratica l'inclusione: Prospettive di insegnanti e genitori. *Bambini eccezionali, 64*(1), 115-131.

Berman, P. e McLaughlin, M. (1977). Programmi federali a sostegno del cambiamento educativo, Volume II: *Fattori che influenzano l'attuazione e la continuazione* (Rapporto n. R-1589/7-HEW). Santa Monica, CA: Rand Corporation.

Berry, R. A. W. (2010). Atteggiamenti degli insegnanti in servizio e all'inizio della carriera verso l'inclusione, gli accomodamenti didattici e l'equità: Tre profili. *The Teacher Educator, 45*, 75-95.

Block, M. E. e Obrusnikova, I. (2007). L'inclusione nell'educazione fisica: Una revisione della letteratura dal 1995 al 2005. *Adapted Physical Activity Quarterly, 24*, 103-124.

Brophy, J. E. e McCaslin, M. (1992). I resoconti degli insegnanti su come percepiscono e affrontano gli studenti problematici. *Elementary School Journal, 93*, 3-67.

Campbell, J. (2003). Obiettivi 2000: Una modesta proposta di riforma". *Research for Education Reform, 18*, 40-46.

Carroll, A., Forlin, C. e Jobling, A. (2003). L'impatto della formazione degli insegnanti in educazione speciale sugli atteggiamenti degli educatori generali australiani in servizio nei confronti delle persone con disabilità. *Teacher Education Quarterly, 30*, 65-79.

Center, Y. e Ward, J. (1987). Atteggiamento degli insegnanti nei confronti dell'integrazione dei bambini disabili nelle scuole normali. *The Exceptional Child, 34*, 41-56.

Combs, S., Elliott, S. e Whipple, K. (2010). Atteggiamento degli insegnanti di educazione fisica elementare nei confronti dell'inclusione di bambini con bisogni speciali: Un'indagine qualitativa. *International Journal of Special Education, 25*, 114-125.

Cook, B. G. (2002). Atteggiamenti inclusivi, punti di forza e debolezze degli educatori generali in servizio iscritti a un programma di preparazione per insegnanti con infusione di curriculum. *Teacher Education and Special Education, 25*, 262-277.

Cullen, J., Gregory, J. L., & Noto, L. A. (2010). La scala degli atteggiamenti degli insegnanti verso l'inclusione (TATIS). Documento o sessione di poster presentato al meeting della Eastern Educational Research Association, Sarasota, FL.

Cullen, J. e Noto, L. (2007). Valutazione degli atteggiamenti degli insegnanti di educazione generale in fase di pre-servizio nei confronti dell'inclusione di studenti con disabilità lieve o moderata. *Journal for the Advancement of Educational Research, 3*, 23-33.

de Boer-Ott, S. R. (2005). L'esperienza e le percezioni degli insegnanti di educazione generale riguardo all'educazione inclusiva e all'inclusione di studenti con disturbi dello spettro autistico. *ProQuest Dissertations and Theses.*

DeSimone, J. R. e Parmar, R. S. (2006). Le convinzioni degli insegnanti di matematica della scuola media sull'inclusione degli studenti con difficoltà di apprendimento. *Learning Disabilities Research & Practice, 21*, 98-110.

Detres, M. (2005). Studentesse ispaniche delle scuole superiori con bisogni speciali: Inclusione o esclusione. (Tesi di dottorato, Walden University, 2005)". *Dissertation Abstracts International, 66*, 21-69.

Downing, J. (2004). Servizi correlati per studenti con disabilità: Introduzione al numero speciale. *Intervention in School and Clinic, 39*, 195-208.

Eldar, E., Talmor, R., & Wolf-Zukerman, T. (2010). Successi e difficoltà nell'inclusione individuale di bambini con disturbo dello spettro autistico (ASD) secondo i loro coordinatori. *International Journal of Inclusive Education, 14*, 97-114.

Ellins, J., & Porter, J. (2005). Differenze dipartimentali nell'atteggiamento verso i bisogni educativi speciali nella scuola secondaria. *British Journal of Special Education, 32*, 188-195.

Fazio, R. H. e Zanna, M. P. (1978). Sulla validità predittiva degli atteggiamenti: il ruolo dell'esperienza diretta e della fiducia. *Journal of Personality, 46*, 228-243.

Foreman, P., Arthur-Kelly, M., Pascoe, S., & King, B. S. (2004). Valutazione delle esperienze educative di bambini con disabilità profonde e multiple in classi inclusive e segregate: Una prospettiva australiana. *Research and Practice for Persons with Severe Disabilities, 9*, 183-193.

Friedman, I. (2003). Autoefficacia e burnout nell'insegnamento: l'importanza dell'efficacia interpersonale e relazionale. *Psicologia sociale dell'educazione, 6*, 191-215.

Gary, P. L. (1997). L'effetto dell'inclusione sui bambini non disabili: una revisione della ricerca. *Educazione contemporanea, 68*, 4.

Gibson, S. e Dembo, M. H. (1984). Efficacia degli insegnanti: Una validazione del costrutto.

Journal of Educational Psychology, 76, 569-582.

Grusec, J. E. (1992). La teoria dell'apprendimento sociale e la psicologia dello sviluppo: L'eredità di Robert Sears e Albert Bandura. *Psicologia dello sviluppo, 28*, 776-786.

Hammond, H. e Ingalls, L. (2003). Atteggiamento degli insegnanti verso l'inclusione: risultati di un'indagine condotta tra gli insegnanti di scuola elementare di tre distretti scolastici rurali del sud-ovest. *Rural Special Education Quarterly, 22*, 24-30.

Harding, S. (2009). I modelli di inclusione di successo per gli studenti con disabilità richiedono una forte leadership sul posto: L'autismo e i disturbi comportamentali creano molte sfide per l'ambiente di apprendimento. *International Journal of Learning, 16*(3), 91-103.

Hastings, R. P., & Graham, S. (1995). La percezione che gli adolescenti hanno dei giovani con gravi difficoltà di apprendimento: Gli effetti dei programmi di integrazione e della frequenza dei contatti. *Psicologia dell'educazione, 15*, 149-159.

Hwang, Y. S., & Evans, D. (2011). Atteggiamenti verso l'inclusione: Divari tra convinzioni e pratiche. *International Journal of Special Education, 26*, 136-146.

Idol, L. (2006). Verso l'inclusione degli studenti di educazione speciale nell'educazione generale. *Educazione speciale e correttiva, 27*, 77-94.

Individuals with Disabilities Education Act, (1994) 20 U.S.C. §§ 1412, 1414; 34 C.F.R. Part 300; Fifth Circuit Federal Court of Appeals; Office of Special Education Programs.

Jenkins, A. e Ornelles, C. (2007). Fiducia degli insegnanti pre-servizio nell'insegnamento agli studenti con disabilità: affrontare gli standard INTASC. *The Electronic Journal for Inclusive Education, 2*(2), http://www.ed.wright.edu/~prenick/Winter Spring 08/Winter Spring 08.html.

Jenkins, A. e Ornelles, C. (2009). Determinazione dei bisogni di sviluppo professionale degli educatori generali nell'insegnamento agli studenti con disabilità nelle Hawaii. *Sviluppo professionale nell'istruzione, 35*, 635-654.

Jennett, H. K., Harris, S. L., & Mesibov, G. B. (2003). Impegno nella filosofia, efficacia dell'insegnante e burnout tra gli insegnanti di bambini con autismo. *Journal of Autism and Developmental Disorders, 33*, 583-593.

Jones, V. (2007). Mi sono sentito come se avessi fatto qualcosa di buono": l'impatto sugli alunni comuni di un programma di tutoraggio tra pari per bambini con autismo. *British Journal of Special Education, 34*, 3-9.

Jordan, A., Kircaali-Iftar, G. e Diamond, P. (1993). Chi ha un problema, lo studente o l'insegnante? Differenze nelle convinzioni degli insegnanti sul loro lavoro con studenti a rischio e studenti eccezionali integrati. *International Journal of Disability, Development and Education, 40*, 45-62.

Jull, S. (2006). Auto-graph: considerare l'utilità dell'auto-monitoraggio del comportamento degli studenti per le scuole inclusive. *Journal of Research in Special Educational Needs, 6*(1), 1730.

Kanner, L. (1943). "Disturbi autistici del contatto affettivo". *Acta Paedopsychiatrica [Acta Paedopsychiatr], 35*, 100-136.

Kilanowski-Press, L., Foote, C., & Rinaldo, V., (2010). Classi e insegnanti inclusivi: Un'indagine sulle pratiche attuali. *International Journal of Special Education, 25*, 43-56.

Kim, Y. S., Bennett, L., Yun-Joo, K., Fombonne, E., Laska, E., Lim, E., Cheon, K., Kim, S., Kim, Y., Lee, H., Song, D., & Grinker, R. R. (2011). Prevalenza dei disturbi dello spettro autistico in un campione di popolazione totale. *American Journal of Psychiatry, 168*, 904-912.

Kirk, R. E. (1995). *Disegno sperimentale: Procedure per le scienze comportamentali.* (3rd ed.). Brooks/Cole Publishing Co.

Kogan, M., Blumberg, S., Schieve, L., Boyle, C., Perrin, J., Ghandour, R., Perrin, M., Ghandour, R. M., Singh, G. K., Strickland, B. B., Trevathan, E., & van Dyck, P. C. (2009). Prevalenza della diagnosi di disturbo dello spettro autistico riferita dai genitori tra i bambini negli Stati Uniti, 2007. *Pediatrics, 124*, 1395-1403.

Kosko, K. W., & Wilkins, J. L. M. (2009). La formazione in servizio degli educatori generali e la loro capacità auto-percepita di adattare l'istruzione agli studenti con IEP. *The Professional Educator, 33*, 1-10.

Leblanc, L., Richardson, W., & Burns, K. A. (2009). Il disturbo dello spettro autistico e la classe inclusiva. Una formazione efficace per migliorare la conoscenza dell'ASD e delle pratiche basate sull'evidenza. *Teacher Education and Special Education, 32*(2), 166179.

Lifshitz, H., Glaubman, R. e Issawi, R. (2004). Atteggiamenti verso l'inclusione: Il caso degli insegnanti israeliani e palestinesi di educazione regolare e speciale. *European Journal of Special Needs Education, 19*, 171-190.

Lin, H., Gorrell, J. e Taylor, J. (2002). Influenza della cultura e dell'istruzione sulle convinzioni di efficacia degli insegnanti in servizio negli Stati Uniti e a Taiwan. *Journal of Educational Research, 96*, 37-46.

Lopes, J. A., Monteiro, I., Sil, V., Rutherford, R. B., & Quinn, M. M. (2004). Percezioni degli insegnanti sull'insegnamento a studenti problematici in classi regolari. *Education and Treatment of Children, 27*, 394-419.

Loreman, T. e Earle, C. (2007). Lo sviluppo di atteggiamenti, sentimenti e preoccupazioni sull'educazione inclusiva in un programma canadese di preparazione degli insegnanti incentrato sui contenuti . *Exceptionality Education Canada, 17*, 85-106.

Loreman, T., Forlin, C. e Sharma, U. (2007). Un confronto internazionale degli atteggiamenti degli insegnanti in servizio verso l'educazione inclusiva. *Disability Studies Quarterly, 27*(4). http://www.dsq-sds.org.

McGregor, E. e Campbell, E. (2001). L'atteggiamento degli insegnanti in Scozia nei confronti dell'integrazione dei bambini con autismo nelle scuole tradizionali. *Autismo, 5*, 189-207.

McLeskey, J., Rosenberg, M. S. e Westling, D. L. (2010). Pratiche efficaci di inclusione per tutti gli studenti. Upper Saddle River, NJ: Pearson Education Inc.

Moore, C., Gilbreath, D. e Mauiri, F. (1998). Educare gli studenti con disabilità nelle classi di istruzione generale: Una sintesi della ricerca. Disponibile online all'indirizzo: http://interact.Uoregon.edu/wrrc/AKInclusion.htm/.

National Academy of Sciences - National Research Council, W., & National Academy of Sciences - National Research Council, W. (2001). *Educare i bambini con autismo*.

Norrell, L. (1997). Un caso di inclusione responsabile. *Teaching PreK-8, 28*, 1-7.

Odom, S., Brown, W., Frey, T., Karasu, N., Smith-Canter, L. e Strain, P. (2003).

Pratiche basate sull'evidenza per i bambini con autismo: contributi per la ricerca a soggetto singolo. *Focus on Autism & Other Developmental Disabilities, 18*, 166-175.

Park, M., Chitiyo, M. e Choi, Y. S. (2010). Esame degli atteggiamenti degli insegnanti in servizio verso i bambini con autismo negli Stati Uniti. *Journal of Research in Special Educational Needs, 10*, 107-114.

Pianta, R. C. (1992). *Scala di relazione studente-insegnante*. Università della Virginia, Charlottesville, VA.

Reindal, S. M. (2010). Qual è lo scopo? Riflessioni sull'inclusione e sull'educazione speciale da una prospettiva di capacità. *European Journal of Special Needs Education, 25*, 1-12.

Rice, C. (2007). Prevalenza dei disturbi dello spettro autistico --- rete di monitoraggio dell'autismo e delle disabilità dello sviluppo , sei siti, Stati Uniti. *Morbidity and Mortality Weekly Report.* 56(SS01), 1-11.

Robertson, K., Chamberlain, B. e Kasari, C. (2003). Le relazioni degli insegnanti di educazione generale con gli studenti autistici inclusi. *Journal of Autism and Developmental Disorders, 33*, 123-130.

Romi, S. e Leyser, Y. (2006). Esplorare le esigenze di formazione pre-servizio sull'inclusione: uno studio delle variabili associate agli atteggiamenti e alle convinzioni di autoefficacia. *European Journal of Special Needs Education, 21*, 85-105.

Rose, D. F. e Smith, B. J. (1992). Barriere attitudinali e strategie per l'integrazione prescolare. (Rapporto n. ED350758). Pittsburgh, PA: Istituto di ricerca Allegheny-Singer.

Ross-Hill, R. (2009). L'atteggiamento degli insegnanti verso le pratiche di inclusione e gli studenti con bisogni speciali. *Journal of Research in Special Educational Needs, 9*, 188-198.

Ryan, T. G. (2009). Atteggiamenti inclusivi: un'analisi pre-servizio. *Journal of Research in Special Educational Needs, 9*, 180-187.

Salend, S. e Duhaney, L. (1999). L'impatto dell'inclusione sugli studenti con e senza disabilità e sui loro educatori. *Educazione speciale e correttiva, 20*, 114-126.

Scruggs, T. e Mastropieri, M. (1996). Percezioni degli insegnanti sul mainstreaming/inclusione, 1958-1995. Una sintesi della ricerca. *Bambini eccezionali, 63*, 59-74.

Sharma, U., Ed, J. e Desai, I. (2003). Un confronto tra gli atteggiamenti e le preoccupazioni degli insegnanti in servizio australiani e singaporiani sull'educazione inclusiva. *Insegnamento e apprendimento, 24*, 207-217.

Sharma, U., Forlin, C. e Loreman, T. (2008). Impatto della formazione sugli atteggiamenti e le preoccupazioni degli insegnanti in servizio riguardo all'educazione inclusiva e ai sentimenti verso le persone con disabilità. *Disabilità e società, 23*, 773-785.

Sharma, U., Forlin, C., Loreman, T., & Earle, C. (2006). Atteggiamenti, preoccupazioni e sentimenti degli insegnanti pre-servizio sull'educazione inclusiva: un confronto internazionale tra gli insegnanti pre-servizio alle prime armi. *International Journal of Special Education, 21*, 8093.

Silverman, J. C. (2007). Credenze epistemologiche e atteggiamenti verso l'inclusione negli insegnanti in servizio. *Teacher Education and Special Education, 30*, 42-51.

Sims, H. P. Jr. e Lorenzi, P. (1992) Il nuovo paradigma della leadership. Newberry Park, CA:

Sage Publications.

Snowden, D. (2003). Gestire la serendipità o perché dovremmo abbandonare le "migliori pratiche" di KM. *Knowledge Management, 6,* 8.

Soodak, L. C. e Podell, D. M. (1993). L'efficacia dell'insegnante e i problemi dello studente come fattori di riferimento per l'educazione speciale. *Journal of Special Education, 27,* 66-81.

Subban, P. e Sharma, U. (2005). Comprendere gli atteggiamenti degli educatori verso l'implementazione dell'educazione inclusiva. *Disability Studies Quarterly, 25,* http://dsq-sds.org.

Sun, C. M. (2007). L'impatto dell'istruzione basata sull'inclusione sulla probabilità di indipendenza degli attuali studenti con bisogni speciali. *Journal of Special Education Leadership, 20,* 84-92.

Sze, S. (2009). Una revisione della letteratura: Gli atteggiamenti degli insegnanti in servizio verso gli studenti con disabilità. *Education, 130,* 53-56.

Taylor, S. V. e Sobel, D. M. (2001). Affrontare la discontinuità della diversità degli studenti e degli insegnanti: uno studio preliminare sulle convinzioni e le competenze percepite dagli insegnanti in servizio. *Insegnamento e formazione degli insegnanti, 17,* 1-17.

Dipartimento dell'Istruzione degli Stati Uniti, Ufficio per l'educazione speciale e i servizi riabilitativi. (2006). OSEP IDEA, storia della raccolta dati parte B. Washington, DC: Autore.

Van Der Roest, D, Kleiner, K. e Kleiner, B. (2011). Autoefficacia: La biologia della fiducia. *Culture & Religion Review Journal, 1,* 26-35.

Viel-Ruma, K., Houchins, D., Jolivette, K., & Benson, G. (2010). Credenze di efficacia degli educatori speciali: Le relazioni tra efficacia collettiva, autoefficacia degli insegnanti, e soddisfazione lavorativa. *Teacher Education and Special Education, 33,* 225233.

Villa, R., Thousand, J., Meyers, H. e Nevin, A. (1996). Percezioni degli insegnanti e degli amministratori sull'educazione eterogenea. *Bambini eccezionali, 63,* 29-45.

Waldron, N., McLeskey, J. e Pacchiano, D. (1999). Dare voce agli insegnanti: le prospettive degli insegnanti sui programmi scolastici inclusivi (ISP). *Teacher Education and Special Education, 22,* 141-153.

Webb, N. (2004). L'inclusione degli studenti con disabilità: un'indagine sugli atteggiamenti degli insegnanti nei confronti dell'educazione all'inclusione. (Tesi di dottorato, Walden University, 2004). *Dissertation Abstracts International, 66,* 2143.

Wing, L. (1997). Lo spettro autistico. *Lancet*, *350*, 17-61.

Wing, L. e Gould, J. (1979). Gravi compromissioni dell'interazione sociale e anomalie associate nei bambini: Epidemiologia e classificazione. *Journal of Autism and Developmental Disorders*, *9*, 11-29.

Wolery, M., Anthony, L., Snyder, E. D., Werts, M. G., & Katzenmeyer, J. (1997). Pratiche didattiche efficaci nelle classi inclusive. *Educazione e trattamento dei bambini*, *20*, 50-58.

Yianni-Courdurier, C., Darrou, C., Lenoir, P. Verrecchia, B., Assouline, B., Ledesert, B., Michelon, C., Pry, R., Aussilloux, C., & Baghdadli, A. (2008). Quali caratteristiche cliniche dei bambini con autismo influenzano la loro inclusione nelle classi regolari? *Journal of Intellectual Disability Research*, *52*, 855-863.

More Books!

I want morebooks!

Buy your books fast and straightforward online - at one of world's fastest growing online book stores! Environmentally sound due to Print-on-Demand technologies.

Buy your books online at
www.morebooks.shop

Compra i tuoi libri rapidamente e direttamente da internet, in una delle librerie on-line cresciuta più velocemente nel mondo! Produzione che garantisce la tutela dell'ambiente grazie all'uso della tecnologia di "stampa a domanda".

Compra i tuoi libri on-line su
www.morebooks.shop

info@omniscriptum.com
www.omniscriptum.com

OMNIScriptum

www.ingramcontent.com/pod-product-compliance
Ingram Content Group UK Ltd.
Pitfield, Milton Keynes, MK11 3LW, UK
UKHW041935131224
452403UK00001B/153